弘法大師 空海

心を磨く 心を満たす

池口恵観

ロング新書

目次

序章　人は人となり、磨いて仏となる

巻一　異生羝羊心(いしょうていようしん)

一章　自分の心が闇にいることを知る

巻二　愚童持斎心（ぐどうじさいしん）

二章　善き心の兆し。御仏のもとに帰る旅の始まり

巻三　嬰童無畏心（ようどうむいしん）

三章　祈りの心に目覚める、その初心が天界の道に通じる

巻四　唯蘊無我心（ゆいうんむがしん）

四章　自我の実体は実在しないことを知る

巻五　抜業因種心（ばつごういんしゅしん）

五章　一切のものごとは因縁によってなることを体得する

巻六　他縁大乗心（たえんだいじょうしん）

六章　すべての生命に愛の心を起こすことで大いなる慈悲が生じる

巻七　覚心不生心（かくしんふしょうしん）

七章　この世のあらゆるものは幻であることを知る

巻八　一道無為心（いちどうむいしん）

八章　生きとし生けるものすべての心と身体は本来清らか

巻九　極無自性心（ごくむじしょうしん）

九章　迷いの波が静まらないから、自分の心を悟ることができない

巻十　秘密荘厳心（ひみつしょうごんしん）

十章　宝の庫の扉が開いたとき、思いもよらない我が心の大きさを知る

終章　闇を見るところから明るい明日への道が開ける

序章

人は人となり、磨いて仏となる

★どうしたら多くの人たちに明るい光を取り戻すことができるか

二十一世紀もすでに四分の一近くが過ぎましたが、時代が音を立てて動いています。大きな自然災害、国際地図を塗り替える戦争、政変の連鎖、世界恐慌一歩手前の崖っぷちを行くような金融危機。

日本もまた政治の閉塞状態が大震災と原発事故からの復興の足かせになっています。中国、朝鮮半島、アジア各地を見ても、安定して好調な国は見あたりません。

どれをとっても未来に暗雲ばかりが見えるような、不安なご時世です。

核の不安、経済の不安、生活の不安……。世界中が、ばら色の未来を描くことができずに、不安感を抱いてもがいているのです。

日本社会を見渡せば、東日本大震災では、被災地の人々の振る舞いが世界から賞賛されましたが、母親を捨てた息子や幼児を虐待する親、思い通りにならないからと交際していた女性の家族を惨殺する若者などなど、通り魔や強盗殺人などが横行して治安は決してよくはありません。日本社会は、相変わらず「無縁」の事件が続いています。

失業率は高く、生活に困っている人が増えているのです。なにより、未来に希望が持てないという人が増えていることが、社会に影を落としています。

そうした世情を、なんとか明るい社会に戻したいと、私は祈っています。そして、どうしたら、多くの人たちの心に明るい光を取り戻すことができるだろうかと、考えます。

日本だけではなく、世界の人々の心が元気を無くしているように思います。

闇の中で迷い、苦しむ心は、なかなか無くなりません。何度も何度も、説いて説いて、私はお大師さまの教えを、闇の灯火とします。一人、また一人、闇から抜け出して、仏さまの安穏の世界に辿り着くことができたら、一人は十人の灯火となり、その十人が次の百人の灯火となります。

『十住心論（じゅうじゅうしんろん）』を、また説いていこう、そこには、お大師さまが教えの基本とした「心の磨き方」があると、私は思い至ったのです。

それだけでなく、密教の歴史をさかのぼってみたいと考えました。密教は、御仏の教えに帰依するものでありますが、お釈迦さまが開いた教えをさらに深めて、生命の成り立ちや宇宙のありようにいたる、文明そのものの教えであります。

その起源は、遠くおそらく超古代にさかのぼる人類の叡智にいたります。それが、どうして日本にやってきて、現代人の生きる力になることができるのでしょうか。

そこに、永遠に変わらぬ真理が込められているからだと思います。

そして、密教が登場したインドという風土には、底に秘められた爆発力といいますか、エネルギーがあると思います。生命力そのもののような、未来を創るパワーがあると、私は感じているのです。

★託された密教を最初からたどっていく

もう一度、そのエネルギーを知っておきたい、得るものがあるはずだと、私の脳裏の奥底から問いかけてくるものがあるのです。

しかし、生まれたままのパワーは、どこに飛んでいくかわからない、暴れん坊でありま す。その中から、心を感じ慈悲と智慧とを見出して、人は人となり、磨いて仏さまへの道を進むのです。

その過程が『十住心論』に表されているのだと、私は読み解いてきました。闇に迷う者たちは、生まれ出でたまま、どこへ行ってよいかわからない、むき出しの生命であります。光を感じ、光に向かって歩いていくうちに、荒ぶる精神は闇を抜け出していくのです。

『十住心論』を読みながら、現代人がもがいている苦しみや悩みから抜け出すための光を、見つけてほしいと願っているのです。

そして、そこに託された密教というものを、最初からたどっていくことで、教えをもっと立体的にわかっていただけるのではないかと、考えたのです。

密教は、仏教の一つの流れであります。しかし、そこには他の宗派の教えにはない深い真理があります。

なぜでしょうか。ご一緒に考えていきましょう。

まずは密教は、どのような時代を背景に生まれてきたのか、からお話しましょう。

インドは、日本人にとって、馴染みがありそうで、よく知らない国であります。西洋でもなく、中国を中心とした東洋文化とも違っている、大きな文化圏です。

カレーライスの故郷、動物園の人気者インド象、人口爆発、急激な高度成長、ゼロを発見した数学などなど、インドのことをどれだけ知っているでしょうか。

お釈迦さまがインドで開き広めた仏教は、やがて大きな二つの流れになります。その一つが大乗仏教、中国や日本の仏教はこの流れのなかにあります。僧侶として出家した者だけでなく、普通に暮らす人たちも、ともに覚りの彼岸にわたろうという教えで、密教はそこから生まれました。

お釈迦さまが仏教を開いたのがいつのことか。じつは正確にはわかっていません。八十歳で亡くなったことはわかっていますが、その没年について、いまだ学界では論争が続いています。紀元前五、六世紀であろうとされています。

アジアには、とてもとても古い時代から、さまざまな教えが伝わっていました。その中には宇宙の真理の教えがあり、密教はこうした教えをも取り入れたのでありました。何より、生命の源を大日如来であると教えたのであります。

インドは「亜大陸」と呼ばれるほど、広大な地域です。ヒマラヤ山脈をはじめ、高い山並みが続いていますが、砂漠や峻険な山を越えて、古代からインドにやってくる人たちが後をたちませんでした。

古代インドは、東洋と西洋とが出会い、ぶつかる文明のルツボでありました。古くから都市国家が栄えて、紀元前二千三百年の頃の遺跡が発掘されて、上下水道が完備し、交易が広く行われていたことがわかっています。世界四大文明の一つ、インダス文明です。

インドへは各方面から多様な民族がやってきて、先住民を征服し、同化しながらいくつもの国ができては消えています。現代にいたるまで、インドには多くの言語や宗教や文化が入り混じっていますが、統一国家が長続きしない風土でありました。

お釈迦さまが生きた時代は、群雄割拠、小さな国が相争い、滅ぼされていました。まさに「諸行無常」の世界だったのです。お釈迦さまは、ヒマラヤの麓の王国の王子でしたが、生国はやがて亡ぼされてしまいます。お釈迦さまは恵まれた生活を送っていましたが、王城を一歩出れば、生きることもやっとの貧しい人々の群れがありました。

お釈迦さまは、そうした現実を知るにつれ、人々を救いたいと願ったのでした。お釈迦さまの生涯については、いずれ詳しくお話しします。


インドは、現代にも生きているカースト制度によって、厳しい身分社会があります。お釈迦さまはこれを打破しようとされました。もっとも最下層におかれた、アンタッチャブルと呼ばれる人々の悲惨な人生を、解放したいと考えていたのです。しかし、お釈迦さまが亡くなりますと、教団は分裂していきます。

やがて、アレクサンダー大王がギリシャから遠征してきます。紀元前四世紀のことでした。それから、インドを統一するマウリヤ朝ができて、アショーカ王という仏教を深く信仰した王様が登場しますが、この王朝も分裂して、インドはなかなか安定しませんでした。そのうちに、大乗仏教の運動が始まりました。紀元少し前のことでした。

この頃は、北と南インドは統一されていないようです。南インドは、海のシルクロードによって、西欧と交易をして港が栄えています。

★インドの混沌から生まれた密教の多様性

中国は、隋から唐へと時代が代わり、大きな世界帝国ができていきます。三蔵法師が砂漠と高山を越えて、義浄和上が海からインドへやって来て学んだのが、紀元七世紀になります。その頃インドではヒンズー教が広まり、大乗仏教にヒンズー教が影響してきます。

ヒンズー教は、インド人の民族宗教として存在していましたが、四世紀から五世紀にかけて歴史の表面に現れ、大きな勢力となってインド全土に広がっていきます。

ヒンズー教というより、インド人に根付いていた、除災信仰に基づくさまざまな宗教儀礼が整えられ、バラモン教、ヒンズー教、大乗仏教のなかに浸透していきました。

手や指を組み合わせていろいろな形をつくる印契や、真言を言葉として凝縮させたサンスクリット語をそのまま唱えることなど儀式がつくられて、これが密教になっていきました。

真言を称えるタントリズムは、すでに紀元前二千年頃のインダス文明の遺物にもあるというのですから、お釈迦さまが開いた初期仏教のなかにも潜んでいたのです。

護摩を焚く修法も、源流をたどれば、遠くアーユルベーダという古代のバラモン聖典にたどりつきます。いまも、ガンジス河の奥には、旧来の護摩壇を守るバラモンの家があるそうです。

また、法具ももとは武器であったりと、密教が取り入れたインド古来の伝統儀式は多々あるのです。

潅頂という重要な儀式も、古代インドでは王様が即位するときには、頭上に水を注いだ儀式を取り入れたのでありました。

密教が確立したのは、『大日経』と『金剛頂経』ができた時期ですが、そこにいたるまでに、密教は次第に形を整えていたのです。

密教の基幹を成す、この二つの経典は、お大師さまによれば、南インドの鉄塔で、龍猛菩薩が金剛薩埵から受け、誦えたものだと伝えています。この南インドの鉄塔は、その跡と伝えられるものが今も残っています。ここを訪れた山崎泰廣師によれば、「塔址は雑草が茂り、高さ二メートル位の広い円形の丘の周囲の石、欄盾の一部を残すのみ」と印象を語っています。マドラス博物館には、この塔の復元想像模型があるそうです。

高野山にあります大塔は、まさに日本の南天鉄塔として大切にされています。


インドにおける仏教は、ヒンズー教の繁栄の陰で衰退し、十世紀末から侵略が始まるイスラム教の支配を受けて滅亡します。再興が図られるのは第二次大戦後になり、いまでは六百万人を超える信徒がいるまでになっています。

古代の伝統がそのまま受継がれているかと思えば、世界の先端科学に挑戦する積極性を持つインド。世界中にインド人がいない国はないと言われる進取の気性があります。

いまでも、インドは混沌のエネルギーが渦巻いているといわれます。中国と並ぶ人口で、経済成長が著しい、未来への飛躍が期待されている国ですが、そうしたエネルギーは古代から変わらないものだったと推測されます。

複雑に見える密教の多様性は、インドの混沌から生まれたものでした。整然と整理されたところからは、新しいものは生まれにくいのです。宇宙は混沌のなかで生まれ、成長してきました。いま、私たちに必要なものは、混沌を恐れないで、前に進む勇気でありましょう。

★殺伐とした世に生きる人々をどうしたら救うことができるか

お釈迦さまが教えを説いた時代は、インドの各地にあった大小の国々が戦いを繰り返していました。その戦乱から、人々を導いたのが、御仏の教えでありました。

密教が登場した時代もまた、インドにも混沌、混乱がありました。

お大師さまが、教えの基本とした『十住心論』は、人が我欲の塊で闇のなかをさまよう「異生羝羊心」から始まります。

戦乱に生きる人々は、心が荒廃します。人が人を殺し、殺され、憎しみを抱き、怨みに生きる社会になっています。

そんな殺伐とした世に生きる人々を、どうしたら救うことができるのか。お釈迦さまも、密教の祖となった方々も、そのことを思い、極めて、覚りにいたったのでありました。

密教では、師を大変に尊びます。教えは、師が選んだ弟子へ、口伝によって伝えられました。密教に秘められたパワーを、むやみに悪用されないためのことでした。

お大師さまが唐の都、長安の青龍寺で密教の正統の後継者として教えを与えられた恵果にいたるまで、密教には七人の祖がいます。

日本流にいえば、嫡流といいますか。本家の教えを受継ぐ方々であります。

その第一祖は大日如来、第二祖は金剛薩埵、第三祖龍菩薩、第四祖龍智菩薩、第五祖金剛智阿闍梨、第六祖不空金剛阿闍梨、第七祖恵果阿闍梨、そして我らがお大師さまの弘法大師空海にいたります。

それぞれ、どのような祖であったのかを、お伝えしていきます。広く知られているわけではない祖もおられますが、どの方もみなな、密教という宇宙の真理を守り、伝えてくださったおかげで、私たちは現代になお生きる力をいただくことができているのです。

★人間の苦しみの一つが病気

まずは、『十住心論』の「大章序」をひもときましょう。

「それ宅に帰るには必ず乗道に資(よ)り、
病を愈すには会(かなら)ず薬方に処る。
病源巨多(こた)なれば方薬非一なり、

己宅遠近（おんごん）なれば道乗千差（せんじゃ）なり。

四百の病は四蛇（しじゃ）に由（よ）って体を苦しめ、
八万の患と三毒に因（よ）って心を害す」

現代語に直しましょう。

「そもそも家に帰るには、かならず車と道とによる。

病気を治すには、かならず薬と処方とが必要である。

病気になる原因は無数であるから、治療のための薬も一種ではありえない。

家に帰るのにも遠かったり近かったりするから、道も車も千差万別ということになる。

四百もある病気は、地・水・火・風の不調がもとで身体を苦しめ、八万もの煩悩は、貪（むさぼ）り・瞋（いか）り・癡（おろか）さがもとで心をそこなう」

文章は、さらに続きますが、まずはお大師さまの思想の根本がここによくあらわれているので、この句からお話ししましょう。


人間の苦しみの一つが病気です。

現代ほど、病気に関心を持つ人が多い社会は歴史上でも珍しいのではないかと、私は考えています。便利な生活をしているというのに、現代人は病気という苦しみを背負って生きているのです。

あっちが痛い、ここがおかしい。高血圧だとか、糖尿病だとか、「生活習慣病」と名付けられた病気が蔓延して、老いはじめたら薬と縁深くなって暮らす人たちがとても多いのであります。

それは、社会が病んでいる象徴ではないかと、私は感じています。

「四百の病」とありますが、これは数えたわけではない、その後につづく「八万の煩悩」と対比させた言葉でありましょう。

つまり、身体の病気より、煩悩による心の病気のほうがはるかに多いという表現といえます。身体の病気はわかりやすいのですが、煩悩や心の病気は、目に見えないだけ本人の苦しみは深いものです。

生命の根源は宇宙にあり、その宇宙のエネルギーが、この世に肉体という器を得て私たちを形作るのだ、とします。

病気や人生のトラブルは、このエネルギーがうまく働かないことによります。加持は、生命のエネルギーを集約して苦しむ人に注ぐこと、これが行者の役割です。

行者は、在家信者とは違って、その生涯を行に励むもの、常に心身を清めていなければなりません。磨かれたアンテナによって、仏さまのお力を感応して伝えます。

このとき、行者は仏さまと一体になります。そして、たとえば病人もこの一体感のなかで、衰えていた生命力を回復するのです。

★人間をとりまく自然の中にある病を癒すもう一つの要素

加持の祈りとは、現代医学でいえば、免疫力に作用するような働きに近い発想だろうと考えています。病気になってしまったら医療によって身体の修復をします。仏さまにいただくのは、医療を生かす力なのです。

「癒す」ということが医療の中で重視されてきた結果、私が歩いてきた仏さまの道も、病を回復させるという本来の使命が、今にいたって、科学的な視点から見直されつつあることを感じています。

メスと薬だけが病気を治すものではない、身体と脳と心、身体と理性と感情、身体と精神と感覚、さまざまな解釈で理解していただいてもよいと思いますが、いずれも総合力が健康の基本であるという教えだと、私は理解しています。

医師は医学に基づく医療を施し、病人は病と戦う意志を持ちます。そして、この人間をとりまく自然のなかに、病を癒すもう一つの大きな要素があるという信念が、私を支えてきました。

私にとっては、それが仏さまの教えです。仏教は、山川草木悉皆仏性と言いまして、あらゆる生命には仏さまが宿っていると教えます。その仏さまはどこにおられるのかといえば、遠い空の彼方ではなく、自分の心の中におられるのだと、お大師さまは教えます。

密教が、他の顕教と違うのには、「行者」の存在があります。私は、生まれながらの行者です。行者は、伝承された教えに従ってきびしい行を続けます。

行にはいくつかの方法がありますが、祈りによって仏さまが持つ力を我が身に集中させ、これを信者さんに伝えます。仏さまと一体感を得た行者によって、病んだ人の生命力を取り戻すのです。

★迷いの中にいることを教えるところから始まる『十住心論』

『十住心論』は、お前たちは迷いの中にいるのだよと、教えるところから、始まるのであります。

身体の病気は、地・水・火・風の不調だとお大師さまは話されます。地とは固く動かないもの、水とは流れるもの、火は燃え上がる、つまりは上に昇るもの、風は移動するものの象徴でもあります。

気象を考えると理解しやすいのですが、この四つの要素の調和がとれているとき、地球と大気のバランスは安定して、私たちの身体もバランスよく機能します。この調和が乱れると、身体の不調に繋がるのだと、お大師さまは教えます。

気圧が低くなると、人間の身体に影響します。低血圧の人はぼんやりしたり、頭痛を起こす人もいます。これも一つの四大と身体との関わりを物語っていると思います。

身体の病気とは、この宇宙のアンバランスによるもののほかに、悪霊などのたたりと業のむくいがあると、お大師さまは説きます。

悪霊は、現代科学の枠を超えたものでありますから、現代人にはなかなか理解しにくいものであります。しかし、霊は存在します。

私が、世界各地で平和のための慰霊祈願を続けてきましたのも、非業に倒れた人たちの霊を成仏させたい一心からでした。

悲しみ、苦しむ霊が多ければ、この世に生きる私たちの幸せはなかなか難しいものであります。

霊とは何か。見えない、もう一人の自分の存在であろうと思います。そしてその「見えない自分」のなかにはご先祖の霊が含まれているのであります。

私たちの心が満たされないとき、精神が落ち込んでしまったとき、霊もまた同じように力が衰えます。霊は身体の病気というメッセージを使って、「見える生命」に助けを求めるのであります。

煩悩の原因は三毒、欲望を抑えられない貪り、怒りも愚かさも煩悩のもと、心を病んでしまう原因です。煩悩のもとは何かといえば原因はただ一つ、「いはゆる無明なり」というわけです。心を病めば、身体に影響を及ぼします。

怒らず、貪らず、愚かにならない。三毒に落ち込まないために、生命の免疫力をつけねばなりません。

怒りを静めるのに、どれほどの忍耐力がいることでしょう。しかし、いっとき胸がスーッとしたような気分になる怒りは、決して良い結果を生みません。

★生命は網の目のように広がっている結び目

お大師さまは、生命のありようを「網」にたとえます。「大章序」にもあります「帝網」、インドラの網であります。

生態系によって、私たちの地球の生命は生かされています。これを、仏教では「インドラの網」と呼んでいます。一つ一つの生命は、天の帝が張り巡らせた網の結び目であるというのです。橋の欄干に付けられた擬宝珠のような結び目が、無限に広がっていて、一つの珠が輝けば、光はサーッと広がり、一つが翳れば全体が暗くなるのだと、教えているのです。これを、私は「生命のネットワーク」と呼んでいます。まさに、生態系の思想は古代からあったのです。

生命は網の目のように広がっている結び目だと、お大師さまは教えます。一つ一つの結び目に、生命が輝いています。一つが輝けば、ほかの結び目に反射して輝きが広がります。しかし、どれか一つが傷ついて曇ったり、光を失うと、網の全体に影を落としてしまうのです。網目の一つに傷がついたら、他の結び目もほつれる危険があるのです。それが、生命のネットワークの仕組みなのです。

あの東日本大震災で、被災された方々が、互いに励ましあって立ち直ろうとしている様子を見ていると、まさに「インドラの網」なのだと、私は深く感じ入りました。

一人の笑顔が、避難所に広がって、大きな力になりました。

瓦礫の山を前にして、笑って生きる力を取り戻そうとしている人たちがいました。

暗い表情が見えるのは、福島原発事故によって、家を追われた人たちでした。未来が見えない、見えない放射能にどう対処すればよいのかと、不安が広がっていたのです。政府も東電も、まず第一に為すべきことは、被災者の不安を、できる限り取り除くことだと、私は考えます。そこを第一に考えれば、インドラの網を覆う暗雲は、去っていくのです。

対策を立て、実行する政府の人たちの心がしっかりしていれば、不安は減っていくのです。いま「政治の心」が問われているのです。

もっと心を磨いて、生命の力を取り戻さないといけません。

生命は、源にたどりつくと、とても清らかで明るく、力強いもの。大日如来が生命の源であるという教えは、生命をそうとらえているのです。

この源泉に近い生命の力を、弱っている人々に伝えるのが、行者の使命です。

行者が、きびしい行を重ねるのは、秘密の教えを受けることができるよう、教えを正しく受け継ぐことができるよう、身体と言葉と意（こころ）を清めるためであります。

★迷いの世界の塵を払って帰るべき道を仏は示して下さる

生命の力は、どこへ行けば得られるのでしょうか。

遠くへ行く必要はありません。大日如来のパワーは、あまねく宇宙に遍満しているのですから、行者によってこれを受け入れることができれば、苦しみのもとである不調は取り除かれます。

私たちは、本来は仏さまから生命を分けていただいてこの世にやってくるのですから、清らかな存在であります。

しかし、この世は生きるにきびしく、心身の掃除を怠りますと、埃がたまってしまいます。いつしか、自らの埃によって周囲を見る力を失い、迷いの世界に入り込んでしまうのです。迷えば苦しい。しかし、迷っているときには、その苦しみさえもわからない。どうして、ものごとがうまくいかないのか、わからない。

あるいは、病気になって苦しんでしまう。

生命の旅は、そこから再開されます。生命は仏さまの世界から始まって、やがてまた仏さまの世界に帰る巡礼の旅を続けるのであります。

お大師さまは、この生命の旅を闇の中から始めます。霧深い谷底に迷い込んだ旅人を、なんとか救いたいと願ってのことです。

しかし、迷っているときには、そこが暗闇であることもわかりません。独りぼっちの心は暗く、寒々しく凍っていますが、そこにいる人間は、感覚が失われているのですから、何も感じません。

無明とは、その苦しみも喜びも知らない状態でもあります。自分の心のありようを知ること、それが『十住心論』の始まりです。

このような無明の状態を治せる薬は「陀羅尼」です。真言こそ、あらゆる病を癒す妙薬なのであります。その陀羅尼については『十住心論』を語るうちに、詳しくお話しすることでしょう。

如来は迷える者たちのために、迷いの世界の塵を払って、帰る道を示しておられると、お大師さまは話されます。

「生きとし生けるものたちは迷っているために、帰るべきわが家がわからないから、地獄餓鬼や畜生の世界に沈んで、四種の生あるものに生まれ変わり死に変わりして、さまよい苦しんでいる。苦しみの原因を知らないので本来の世界に帰る心が持てない」

仏さまは、そうしてさまよう者たちを哀れみ、帰るべき道を示しているのだ、とお大師さまは話されました。


生命が成長するために、輪廻の巡礼が必要なのであります。しかし、その旅はあまりに苦しく、地獄・餓鬼・畜生の闇の世界を抜け出すためには、よほどの覚悟が必要です。

仏さまは、その帰るべき道を衆生に示して下さる、その仏さまのメッセージを見つけることができるか、どうか、それが帰り道の道しるべであります。

帰り道はまっすぐであったり、曲がりくねっていたりします。乗物も、速いもの遅いものがあります。どの道、どの車を選ぶかによって、自分の家に帰りつく苦労が違ってくるのだと、お大師さまは教えるのです。

★壮大な宇宙観を持つ密教の中に、一人の人間を導く教えがある

生命のネットワークは、いま生きている世界だけのものではありません。過去に生きた

霊、そして未来へとつながるものであります。

二十一世紀は、生命の変革期でもあります。生殖によらない生命の誕生が可能になっています。クローン人間を作ることも可能になって、つまりは、ご先祖というものをどのように考えればいいのかという問題も生じてくるでしょう。

そのご先祖は、自分たちがこの世に生きて得た情報や、そのまたご先祖から受け継いだ生命の情報を、子孫に伝え続けています。

両親から一人の生命が誕生するには、七十兆もの組み合わせがあって、つまりは七十兆分の一というとてつもない確率で、私たち一人一人の生命はつくられています。どんなに似た一卵性双生児も同じではありません。

男女の結合によらなくても子供が生まれるとなれば、「先祖」という概念が大きく変わることでしょう。

私は常々、いま生きている生命を樹木の葉であるとすれば、先祖は根っこであり、先祖供養とは、その根っこに栄養を与えるものであり、祈りとは連綿と過去から続く生命の情報に語りかけるものだと説いています。根っこが元気であれば、樹木は生い茂ります。

根っこの生きる力が弱まれば、樹木は枯れてしまいます。

しかし、先祖が必ずしも「直系」でなくとも、一人ひとりが持つ「先祖つまりは遺伝子」を健やかにしたいと語りかけることはできます。血統だけが「ルーツ」ではないと、先祖供養の概念を広げればよいことだとも、考えられます。

人類は、遡ればアフリカの女性に行き着くというそうですから、たとえ人工的に手を加えた生命であろうと、一人の人格として尊重できる社会を造っていけばよいのではないか、という思いに行き着きます。


生命はみな大日如来から発してこの世に生きる同じ仏さまであるという「平等」、そして同じものが二つとない多様性をあらわす「差別」であります。

それが、大日如来を生命の源とする密教の根本を成す教えであります。一人の人間の生き方を導く教えは、壮大な宇宙観を持つ密教のなかにあるということを、まずは知っていただきたいのです。

宇宙は、一人ひとりの私たち、小宇宙と重なり合っています。その小宇宙は無数の細胞があり、ＤＮＡが生きていて、生命を動かしているのです。

一人ひとりの悩みや苦しみは、じつは大きな社会の苦しみの反映であり、それはまた一人の苦しみの反映が社会の苦しみとなるということを、知って生きていって欲しいのです。

一人の心に灯った光は社会の光となり、宇宙の光となります。一人の願いは社会の願いとなって、大きく大きく輝きます。

密教の源流を求め、心の成長のプロセスをたどっていくことが、新たな生命力となって、あなたを導きます。ご一緒に歩きましょう。お大師さまも共に歩いてくださいます。

一章

巻一「異生羝羊心」

自分の心が闇にいることを知る

★地獄・餓鬼・畜生の世界

『十住心論』は、「地獄」から始まります。

地獄とは、どのようなところなのか。お大師さまは詳しく描いています。のちのち、日本で流布する地獄のイメージは、ここから始まったと言ってもよいと思います。

餓鬼、畜生、阿修羅、人間、これに天上界を加えた「六道」、六つの道と書いて「りくどう」と読みます。生命は、この六つの世界をめぐり、生まれては死に、死んでは生まれ変わって、永遠のような時を経て、ようやく仏さまの世界にいたることができるという「輪廻」の思想です。

地獄・餓鬼・畜生は悪の結果だけの世界だけれど、人間界・阿修羅界の二つの世界に生まれるものは善と悪とが混じり合った行為が招いた結果だ、とお大師さまは教えます。私たち人間は、過去世において、善と悪とをなした結果、この世に生まれてきた、という因果応報、輪廻転世です。

地獄の思想は、仏教だけでなく、キリスト教にもあります。その様相は仏教で教える地獄とは異なっていますが、いずれも人間が味わう苦しみがギュッと詰まった、リアリティのあるものです。

お大師さまはこの巻一で、地獄・餓鬼・畜生の具体的な世界を、経典をひもといて説きます。いずれもインド、ヒマラヤの風景と広大さを思わせるものであります。

密教はアジア文化の集大成ともいわれているほどに奥の深いものです。お大師さまが膨大な宗教・哲学の諸説をあげたうえで、それを超えるものが密教だと説かれたものが、この『十住心論』です。唐から新しく持ち帰った教えを、お大師さまは精根をかけて書き残してくださったのです。


巻一の「異生羝羊心（いしょうていようしん）」から入りましょう。

耳で聞いただけでは、何のことやらさっぱりわからない言葉であります。

異生、異なった生とは、聖者に対する凡夫を意味しています。仏教の世界でいうところの、「地獄・餓鬼・畜生」の世界に生まれたものを指しており、生まれる世界がそれぞれに違うから「異生」とされます。仏さまの世界と、対極のところで生きているものたちということですね。

仏さまの世界が慈愛の光に満ちて安らぎの場であるなら、「異生」の世界は闇と孤独の不安に覆われています。

しかし、その闇は仏さまの世界に至る門前でもあるのです。孤独と不安のなかで生きていると感じるとき、絶望してはなりません。生命は闇にあって、光を求め、目指して生きるものであります。

まずは、自分自身の心がどんな場所にあるのか、闇にいることをはっきりと知るところに救いの第一歩があります。

闇にいるのに、そこが極楽だと思っていたのでは、永遠に救いの道を見つけることはできません。

★雄羊のような欲望ばかり追いかけていれば、苦しい思いをするのだよ

「異生羝羊心とは、これすなわち凡夫善悪を知らざるの迷心、愚者因果を信ぜざるの妄執なり」

お大師さまは、この章をこのように書き出しました。

羝羊とは雄羊のことで、性や食べ物という本能的な欲望のおもむくままに生きている有り様を、雄羊にたとえているのです。雄羊のようにセックスとグルメばかりを追いかけて

いるのは、迷心、つまり心が迷路を歩いているようなものだというわけであります。

人間として生まれたのに、まるで雄羊のように、目先の楽しみばかり追いかけている状態を表しています。自分の欲望ばかり、自分の思い通りになればそれでいい、他人のことなど考えない人間が増えています。現代語でいえば享楽の人間像であります。

巻一の「異生羝羊心」が住んでいる地獄とは、どのようなところか。お大師さまは悪業の結果、地獄の苦しみを受けるのは、当然のことであり、その苦しみは全て語ることができないほど、たくさんあると教えます。

「以上のような、一々の微細なもろもろの悪の罪業は量り知れず際限がない。みな地獄に入ってことごとくもろもろの苦しみを受けることは、数えあげて知ることができない。ここではかりに要略して述べたのである」

雄羊のような心で生きていれば、苦しい、苦しい思いをするのだよ、というのが巻一の教えであります。

「冥より冥に入り、相続して断ぜず。

循廻を車輪に比し、

無端を環玉に均しくす。

昏夜長遠（じょうおん）なり。
金鶏何ぞ響かん。
雲霧（うんむ）靉靆（あいたい）たり、
日月誰かかかげん。
来途始めなし、
帰舎幾（いくばく）の日ぞ。
火宅の八苦を覚らずして、
寧（いずく）んぞ罪報の三途なることを信ぜんや」

言葉が難しいのですが、お大師さまの文章はとてもリズミカルで、胸に響きます。たとえわかりにくくても、できれば声を出して、なるべく現代語訳でない、もとの文章から読んでいただきたいと思います。

わかりやすく申しますと、次のような意味になります。

「迷いの心は、暗きより出でて暗きに入り、絶えることなく続き、めぐりめぐる有り様は車輪のようであり、端のない玉の輪に等しい。

長くて遠い夜が続いているから、ときを告げるはずの鶏の声が響くこともない。雲や霧が深いというのに、どうして日や月をかかげることができようか。来てしまった迷いの道に始めはないのだから、故郷に帰りつくのはいつの日のことだろう。

猛火に包まれた家のなかにいるような八つの苦しみを直視せずに、罪の報いである地獄・餓鬼・畜生の三悪道に堕ちることが信じられようか」

仏さまへの道を見つけるまで、衆生は闇のなかを彷徨(さまよ)います。光が見えたかと思ってもじつは、池に映る月のようなもの。陽炎を水だと思って追いかけているようなものだと、お大師さまは教えます。

★その果ては「貪(むさぼ)り、瞋(いか)り、痴(おろ)さ」に行き着く

生きものの世界では、弱肉強食のなかで生き残るため、子孫を残すために、壮絶な闘いが繰り広げられます。

「少きを分かちて甘を割(さ)く者は
居然としてこの（わざわい）を脱る」

貪り惜しむ心を持つと、餓鬼の世界に生きることになります。涙や唾も自由に出ず、河の水を飲もうとすれば火炎と化して飲めない、周りは冬枯れの世界で、たった一人ぼっちで長い夜を泣き暮らすことになる。

しかし、どんな少ない物も他人と分かち合う気持ちを持って生きることによって、こうした孤独の世界に陥ることをまぬがれる、とお大師さまは詩にうたいます。

当たり前のことですが、この当たり前のことができないのが、凡夫であります。そこに生命を磨くチャンスがあるのです。

セックスや食べ物といった、目先の欲望にとらわれているときは、他のことが何も見えない、尊い教えも聞こえない状態にいるのだと説くのです。

「畜生は何(いず)れの処より出づる」

お大師さまは畜生の心がどこから出てきたのか、と問いかけます。

「本(もと)これ愚癡の人なり」

もとはといえば、愚かな人間なのだ、というのです。

愚かとは、いったいどんなことを指すのでしょうか。現代訳を読んでみましょう。

「情(こころ)も身もほしいままにし、

賢人・聖人のいましめを信ずることがない。どうして後世の辛い報いを知ることがあろうか

悠々たる彼の愚かな者は、これこそ畜生と生まれる原因である。

強弱たがいに食(くら)いあって、

助けをだれにむかって呼べばよいであろうか。

ああ、おとろえたる彼らよ、

雄羊のような心を欲するがままにすることがあってはいけない」

欲望のままに行動してしまうと、その果ては、「貪(むさぼ)り・瞋(いか)り・痴(おろか)さ」に行き着く、とお大師さまは繰り返し説いているのです。決して満たされることのない状態になるのです。

異生羝羊住心のもとは、執着であります。セックスに執着する、食べ物に執着する、欲しいものに執着すると、結果的に罪が生まれてしまうのであります。執着するから、思い通りにならないと瞋りが生じ、愚かな行為に走るのです。

どれほど快適なマンションに住もうと、心が荒廃しながら暮らしていては、地獄で生きているのと同じこと。みんな自分だけ良ければ、という目先の欲から生まれた地獄・餓鬼・畜生の世界に苦しむ人々であります。この世に浄土が生まれることを信じて導かれた

お大師さまは、来世の地獄を語りながら現世に地獄があることを説いておられた、と私は思っております。

★目をそらさず、自分がどんな欲望に迷っているか知ろう

自分自身のなかに「異生羝羊心」がひそんでいないかどうか、まずは自分の姿を朝の光に照らしてごらん。お大師さまの、教えのスタートは、自分のあるがままの姿を直視しなさい、ということでありましょう。

雄羊のような醜い姿が見えたとき、目をそらせてはなりません。自分がどんな欲望に迷っているのか、まずは知ることが大事なのです。なかなか見えません。

怒りっぽい、食いしん坊、ケチといった、はっきりした悪はわりあい見つけやすいものでありますが、「阿修羅の世界」はなかなか自分で見つけにくいものであります。

「おもねり・たかぶりの心によって布施するのは 死後、必ず阿修羅道に至るであろう」

阿修羅とは、地獄・餓鬼・畜生の上とされますが、迷いの世界であります。

「心の本性が正直でなく、誤った考えを愛している。寿命は八千歳で、そこから出ることを欲せず、冥く長い夜にいたずらに生まれ老いるのみである」

迷いを迷いと気づかない、悪を悪として見ることができない雄羊の心に加えて、お大師さまは教えているのです。

その地獄、六道がどこにあるのかといえば、私たちの心の中にあると、お大師さまは教えます。

現代社会には、そこここに異生羝羊心があって、地獄に苦しむ人たちがたくさんいます。

生きることが難しい世の中です。衣食足りて礼節を知ると、孔子は説きました。しかし、これほどに衣食が足りるようになったというのに、どうして心から生きる喜びを味わえる社会にならないのでしょうか。

日本のような経済的に豊かであるはずの国で、どうして餓死する者が出るのでしょう。なぜ、国は膨大な借金をしているのでしょうか。どうして、親を捨てる子がいるというのでしょうか。みな、自分だけが苦しいと思ってはいないでしょうか。

たしかに、現実と向き合えば、苦しい。だから、難しい問題から逃げて生きればいいではないか、という現代人はたくさんいます。しかし、逃げていては、問題がより大きく深くなっていきます。闇の世界深くにますます迷い込んでいくことになってしまいます。

私たち人間にとって、地獄は決して死後のことではありません。誰もが「地獄のような苦しみ」を味わった経験はありましょう。それぞれに、苦しみの状況は異なっても、その原因はどうでしょうか、目先の欲望にひたってしまった結果の苦しみではないでしょうか。

★地獄に落ちなんとする人間を救おうと立つのが不動明王

地獄に落ちなんとする人間、異生羝羊心の世界にあって自分を見失っている者たちを、救おうと立つのが、不動明王であります。お不動さまと親しまれている不動明王は、不思議な仏さまです。仏のようなお顔、と言いますが、観音さまやお地蔵さまのような柔和な表情とは違って、お不動さまは忿怒といって、怒りの形相で足を岩にふんばり、背に火炎を背負い、片手に剣を、もう一方に綱を持つ、恐ろしい姿です。

しかし、その怒りこそが、我ら衆生を地獄に落ちるところを救ってくださる、究極の慈悲の表現なのです。

お不動さまへの信仰は、日本がもっとも盛んだといわれます。

お不動さまを日本に請来したのは、弘法大師空海です。私ども真言密教のみならず「お大師さま」と、日本中の人々から長く慕われる真言宗の開祖です。


なぜ、不動信仰が日本にこれほど定着したのでしょうか。いまでは、仏教の故郷インドでも、チベットでも、中国でも、日本のようにお不動さまを信仰する流れは見受けられません。お大師さまが唐で学んで正統を受け継いで帰国した密教が、インドから移入されたばかりの教えであったことが、一番の理由です。

不動明王はインドに興った密教経典『不空羅索経』に初めてその名が表れます。『大日経』にも説かれていて、おそらく七世紀後半に密教の明王として登場したと思われます。

お大師さまが唐に留学したその少し前の時期、唐帝国は不空、善無畏など、密教の高僧たちがいました。その教えを直接受けた恵果和尚（かしょう）から、インド直伝の密教を受け継いだのが、お大師さまでした。

したがって、密教で重要視する不動明王への信仰を、お大師さまは直伝のままに日本に持って帰ったのです。

中国では、お大師さまが帰国してまもなく唐帝国は密教を禁じます。インド直伝の密教は、もっとも盛んな時期に正統の教えが日本に運ばれて、今日まで守られることになりました。弘法大師空海は、『大日経』を根本とする真言密教を打ち立て、不動明王への信仰を広めたのです。

現存する中国の不動明王像は、唐代の石像がアメリカのフリアー美術館にありますが、ほかには知られていません。

チベットでは、翻訳された経典にはその名がありますが、特に不動明王一尊として信仰された形跡はありません。朝鮮半島でも民間に広く行われることはありませんでした。

インドでは、密教の大本山ともいうべき、ナーランダー博物館に二体の不動明王像があります。これは、奇しくものちのイスラム教徒からの迫害を免れた、貴重な仏像です。

また、オリッサのラトナギリ遺跡に一つの作例がみつかっている程度で、日本列島のようにいたるところにお不動さま在り、というわけではありません。

かつて、イスラム教は、ユーラシア大陸を長きにわたって席巻して、仏像などを破壊しましたが、その名残が、いまも各地に残っています。

ＮＨＫテレビが新シルクロード紀行を連続放映しました。そこには破壊された仏像の痛々しいお姿があって、あらためて弾圧の嵐のすさまじさを感じたものです。

手の届く限り、壁画を破壊して、とりわけ眼を削り取っていることに、私は注目しました。

イスラム教徒にとって仏像の眼は、もっとも忌み嫌うものでした。そこに、異教の「魂」がこもっていると考えたのです。不動明王の像が、もしもあれらの洞窟に描かれていたなら、イスラム教徒たちは恐怖におののき、いっそうの破壊をしたかもしれません。


不動明王は、忿怒の様相でいます。とりわけ、悪い心を抱いて不動明王の前に立てば、その眼に射すくめられ、正気をとりもどすことでしょう。

不動明王の「眼」は、怒りの象徴です。カッと両眼を開いているものと、左の眼をかすかに閉じ半眼の右目で睥睨しているものと、二種類があります。

右目半眼のものは、口から二つの牙を上下につき出し、両目を開いているものは二つの牙を上または下にそろえて突き出しているのが特徴です。

右眼であきらかに観て、左の眼を閉じている様相は、大日経系の経軌に説かれていますが、おそらく左眼をつぶされた奴隷の醜悪な要望をそのまま写したものであって、この像が不動明王の姿としてはオリジナルなものであろうと、これは宮坂宥勝博士が推証しています。

左眼を閉じているのは、天魔外道を恐怖せしめるためとも、左道（外道）を隠して一乗（大乗）を導入せしめることを意味していると解釈されています。外道とは、お釈迦さまに先立つ時代にバラモン教から派生した新興宗教を六師外道と呼びます。孤独な苦行だけでは衆生は救えないとして、お釈迦さまは菩提（さとり）の道を開きました。

★我が身を律する剣と綱を持って迷いの世界から抜け出すように

本来、インドでは哲学のことを「ダルシャナ」といいます。これは「ものをみること」という意味の言葉です。また、仏陀（ブッダ）は、サンスクリット語では動詞ブドゥの過去受動分詞形と考えられて、「目覚めたもの」という意味です。明るい世界を見ることができる「眼」を持つことが、仏に成ることですから、「眼」を大変重視してきたのです。これは、現実の視覚障害を意味するものではありません。「心眼」とも申しまして、あくまでも心に持つ眼のことです。どれほど視覚能力にすぐれた者でも、真実を見ることができなければ、迷いの闇で生きているのです。

お大師さまや円珍が請来した不動明王は、いずれも両眼を開いています。『現図胎蔵曼荼羅』の中に描かれている不動明王も両眼を開いています。美術史上からみますと、早期の作品には両眼を見開いたものが、後のものには片眼半開のものが多いということです。奴隷という辛い境遇の上にさらに片目を潰された凄惨な姿によって不動明王は、外見で人を判断する愚かさと心眼の尊さを教えています。その、眼力の鋭さをもって、地獄に落ちなんとする無明の人々を救っています。

「眼施」という教えがあります。私たちは何もなくても人々と喜びを分かち合える「布施」の教えの一つです。苦しんでいる人に、やさしいまなざしを贈りましょう。安心を与える力が眼にはあります。「目は心の窓」というほどに、私たちの心がもっとも率直に表れるところなのです。

「眼(まなこ)明らかなれば、触れるものことごとく宝なり」と、お大師さまは教えます。忿怒の瞳の奥には無限の慈悲があります。恐怖に射すくめられた後、無明を払った眼でよくよく仰げば、不動明王の眼から生きる力を与えられていることに気付きましょう。

仏さまは、どこか遠いところにあるのではない、一人ひとりの心の中におられます。迷いの世界もまた我が心のうち。お不動さまは衆生の心に、我が身を律する剣と綱を持って迷いの世界から抜け出すようにと、教えているのです。

お不動さまは、炎を背負っています。私ども行者は、護摩を焚いて祈ります。いまでは護摩行の本尊は、おおむねお不動さまとなっていますが、それはこの背中の炎と護摩を焚く炎とが、互いに感応しあって、人々の願いを仏さまに伝えているのです。

お不動さまは、奴隷の姿をしています。一説に古代インドで征服された先住民族を表しているそうです。もっとも悲しみを知っているお不動さま。もっとも寛容の心で、人々を包み込む安心の仏さまが不動明王なのです。

しかし、人々の安心を守るには、火炎を背負う苦しみを伴うことを、お不動さまは教えているのです。

背中に背負う火炎は、地獄の業火であり、地獄に突き進もうとする者たちを、あるいは縄で捕え、あるいは剣で阻止して、守るのです。

人類は、互いに殺しあって、戦争は一人ひとりの心から生まれるというその教訓を、古代の賢者は得ました。ならば、武器を他人を殺傷するために用いるのではなく、わが心に巣くう「貪瞋痴」を退治するために使うべきだと、教えたのです。

★激しい荒波の中で行く手の波を切る不動明王の強い力

私は、生まれながらに、お不動さまとともに在りました。母は、お腹に子がいるからといって、行を休まずに続けたそうですから、私は生まれながらにお不動さまのご縁をいただくことになりました。

最福寺の本尊は「波切不動明王」です。「波切」と名づけられる由縁から、お話いたしましょう。

お大師さまが西暦八〇四年春に唐に留学したとき、往路で暴風雨に遭いました。当時の日本の船は嵐に弱く、遣唐使の一行は嵐に翻弄されました。モンスーンに逆行して航海したのですから、遣唐使の船はいつも難儀しました。このとき、お大師さまは帆柱に身をくくりつけて祈り続け、嵐が静まったと言い伝えられます。しかし、その結果一行は予定地から離れた土地に漂着して、外交使節だということがなかなか認められずに、都の長安へ入るのも遅れました。

復路もまた、海は大荒れでした。お大師さまは遣唐判官の高階遠成に申し出ました。

「私は帰路の厄難除けにと、不動明王の尊像を一刀三礼を以って彫り上げています。師の恵果和尚から伝授された秘法の呪法で不動明王を祈り、千尋の底の毒龍を降魔の剣で折伏いたします。どうぞ、お心安らかに」

この不動明王像は、恵果和尚から与えられた木材を自ら彫って、和尚に開眼加持をしていただいたものでした。「一刀三礼」とは、一彫りするたびに三礼するという、きびしいものです。

この尊像を船首に壇をかまえて祀ったお大師さまは、三鈷をしっかりと右手にもって、舷に立ち、しばらく黙祷してから、これを高々と頭上にあげて、

「日本国土に密教弘布の相応地あらば、まさしくその地を点ぜよ」

そうして、これを東方の大空に向けて投げ上げました。のちのことに、お大師さまが高野山を修行の道場とすべく朝廷から賜ったとき、この三鈷が高野山の松にあったとも、地中から現れたとも言い伝えられます。現在も三鈷は、高野山の宝庫に保存されています。

ともかく、この後、お大師さまは不動明王像の前に座して祈ります。すると、不動明王が剣を振るって波を切る形を示し、波はおだやかに静まりました。

この、高さ三尺二寸の尊像は、現在は高野山南院に安置され、国宝となっています。私

は最福寺を開くとき、この波切不動尊こそ本尊にふさわしいと、同じ形の尊像を造って招来しました。この世という激しい荒波のなかで、船に乗っている人々を安んじるために、行く手の波を切る、というお不動さまの強い力をいただかねばならないと信じて、日々祈っているのです。

★大日如来は密教を開いた祖

密教では、大日如来を生命の源としています。宇宙は大日如来そのものですが、衆生それぞれの苦しみを自ら救うのではなく、その悩みを解決するための使者によって、人々を救うのです。

不動明王は、その最高仏である大日如来の化身であり、使者としての役目を持っている、密教ではどれも重要な仏さまであります。

それでは、大日如来とは、どんな仏なのでしょうか。

仏教は、お釈迦さまが覚りを開いて、その真理を人々に説き、実践して、救いの道を示しました。その説法の言葉が経典として伝えられてきたのです。

ところが、七世紀ころに成立した『大日経』とか『金剛頂経』になると、説法の主が大日如来に変わります。

これらは、お釈迦さまの教えを超えて、宇宙の真理、永遠の真理を具体的な経典として説かれています。そこには、人間を超えた存在が必要となったのです。

そして、密教を開いた祖を大日如来としたのであります。

大日如来は、毘盧遮那如来から来ています。無数に存在して互いに関係しあっている仏の国土の中心に在る毘盧遮那仏が大日如来なのであります。

毘盧遮那仏をさかのぼると、インド古代の神アスラに行き着くともされますが、この神は阿修羅とも書かれる荒れ狂う神でもありました。しかし、このアスラは、ペルシャのゾロアスター教の最高神であるアフラ・マズダと同じものだとされています。これは光の神であります。

毘盧遮那仏が、どうして大日如来と呼ばれるようになったのでしょうか。

大日如来には、三つの特徴といいますか、特質があります。

第一は「除闇遍明」であります。

地上の太陽には光と影があります。一方を照らせば、他方は暗く、昼と夜とがあります。しかし、如来の智慧の光はあらゆるところに満ちて、影をつくることはないし、昼夜の別もありません。すぐれて大いなる日なのです。

第二は「能成衆務」であります。

太陽の光は地上に降り注いで、動物も植物もすべてを成長させるもとになります。それに比べて、如来の光は、生きとし生けるものすべてに降り注いで、それらが本来持っている特性を発揮させて、一切の仕事を完成させる、大いなる日であります。

第三は「光無生滅」であります。

太陽の光が生滅することなく照らすように、如来の心の太陽は、永遠にあらゆるところで生滅せずに、衆生のために法を説くのです。

この三つは、大日如来の智慧と慈悲と真理の永遠不滅性をあらわしています。さらに、「高顕広博」ということを、毘盧遮那仏の特性とすることもあります。

★我が内の仏さまに合掌しながら日々を送る

大日如来こそ、私たちの生命の源であります。それは、光であります。

行をしていると、まるで光の中に私が融けているような感覚に浸ることがあります。私が光になったのか、光が私を包み込んでいるのか、わかりません。生命とは光だと、私は感じているのです。

除闇遍明にいたる教えの一つが「背暗向明」であります。

どんなときにも、辛い、苦しいことに背を向けて、光に向かって、明るい世界に向かって歩くことが、仏さまの道にいたる道しるべとなるのです。

「心に太陽を！　くちびるに歌を！」とは、人類が苦難を乗り越えて生き抜いてきた、古代からの叡智であります。難しい理屈ではありません。

しかし、辛いときに、明るい気持ちを作って保つことが、どれほど難しいものか。そこにいたるまでに、くじけてしまいそうになります。そのときに、大日如来の光を思っていただきたいのです。

光が照らす我が姿は、美しいものではないでしょう。苦しみのもとになっている奢りや貪り、愚かな姿を知ることになりましょう。

しかし、そこから、光の道は始まります。

大日如来がほかの仏さまと違うのは、私たち一人ひとりの願いを直接聞いて、手をさしのべるということはしないところにあります。

いつも、生命の真理、宇宙の真理について説法をしていますが、誰かに聞かせるためではありません。あるがままに説き、あるがままに光を発信しているのです。

それでは、願いを聞いてくださらないのかといえば、そうではありません。それぞれに合う仏さまを送って、助けて下さるのです。観世音菩薩をはじめとするさまざまな菩薩や明王、諸仏諸天はみな大日如来の化身として、吾ら衆生を救います。

その偉大な大日如来は、じつは私たち一人ひとりの心におられると、お大師さまは教えました。生きとし生けるものは、すべて仏さまであり、大日如来であります。

しかし、生きているうちに心にさまざまな塵が積もります。この世に生まれて生きるということは、ときに争い、ときに誇り、ときに憎んで、我が身を守ろうとしてしまいますが、それらはみな塵となって、心におられるはずの大日如来の存在を覆い隠してしまうのです。その塵を払うために、菩薩、明王の援けをいただいて、闇に光を見つけて進むのであります。

我が内に仏さまを見つけよう。その気持が自立心を育てます。自利利他とは、そこから発する教えであります。「自利」とは、塵に覆われた自己が願う利益ではありません。

仏さまとしての、大日如来として、あるいは不動明王として、あるいは観世音菩薩としての我が内なる仏さまからいただくものであります。そのパワーは、他の人を助けるほどの大きいものでありますから、これを分かつのが、「利他」であります。

現代社会をよりよく生きるために、私は心の大日如来を思っていただきたいと願っています。迷ったら、「中心を取れ」と、私はいつも弟子たちに説いてきました。中心とはなにか。身体の中心は、行を重ねていきますと、自ずと気づくものであります。しかし、心の「中心」を見つけることはなかなかに難しいところがあります。

いま、再び『十住心論』をひもとくことは、心の中心を見つけることであります。

「ついにすなわち滋味を水陸に嗜み、

華色を乾坤に耽る」

異生羝羊心の巻には、グルメを戒める教えもあります。生きることは、他の生命のおかげを頂いていることを、忘れずに、心の仏さまに合掌しながら、光に向かって日々を送っていただきたいと願っています。

二章

巻二「愚童持斎心」

善き心の兆し。御仏のもとに帰る旅の始まり

★春雷に遭って殻がはじけ、時雨の恵みを受けて芽を出す

世界は、どこへ行こうとしているのでしょうか。ますます混迷を深めているようで、私は心を痛め、いっそう世界平和の祈りを願う毎日です。

政治の指導者たちが右往左往しているように思えてなりません。古代より、天変地異は政治の乱れから生じるとされてきました。お大師さまは、この『十住心論』の巻二で、国王はいかにあるべきかと、リーダー論を説いています。

まずは、愚童持斎心とは、どのようなものか、お大師さまの言葉をひもときましょう。

「これ人趣善心の萌兆、凡夫帰源の濫觴なり」

人間として、少し善の心の兆しが見られること、それは誰もが心の底に持っている仏の心に帰る始まりである。

闇に迷っていた心弱き者たち、それは普通に暮らしている「凡人、凡夫」でありますが、彼らのなかに善き心の兆しが見られることは、御仏のもとに帰る、生命の根源に帰り着く旅の始まりなのだと、お大師さまは第二の心の在り様を語り始めます。どんなきっか

けで、そのようなことになるのでしょうか。

お大師さまは「春雷」に遭って殻がはじけ、時雨の恵みを受けて、芽を出すのだというのです。ショックによって、心を覆っていた堅い殻が破れて、中の実、種に慈雨が降り注いで芽が出てくるような状態が、この愚童持斎心だというわけです。

バブル景気に浮かれて遊びに遊んだ日本人が、バブルはじけ、あるいは世界的な不況によって、我に帰って周囲を見渡し、他者と分かち合う心が芽生える状態を思い浮かべてください。

思えば、バブル崩壊、阪神淡路大震災と、平成に入ってからの日本は、大きな災禍に見舞われました。そして、リーマン・ショックを挟んで、東日本大震災と原発事故……。「春雷」というには、あまりに衝撃的な雷神の襲来が続きました。

災難は悪いことばかりもたらしたわけではありません。阪神大震災まで、日本人にはボランティアが根付かないという声がありましたが、いまでは、震災だけでなく、豪雪被害の地方へも雪かきボランティアが出かけるようになりました。私は、これが「愚童持斎心」、阿字の故郷へ帰る旅の始まりなのだと思い到っています。

雷に打たれるほどの衝撃に襲われたとき、人はどのように受け止めるのでしょうか。恐怖に襲われて縮こまってしまっては、殻が破れたことも、そこから芽が出てくることも気づくことはできません。

「逆境は智慧」、なるほど「春雷」によって、それまで堅い殻の中で、浮かれていた仮の姿を見せてくれます。闇の中でなら、輝いて見えた姿も、じつは不安におののいて彷徨っていた哀れな姿だったと知ります。

不夜城のようにきらめいていた盛り場が、朝になれば宴の後のゴミの山がそこここに散らばっている無残な様子に変わる、「虚栄の市」の実像を自覚するのです。

街角で寒さに震えているホームレスを見たとき、ふと温かい食べ物を差し出したくなる、それが愚童持斎心であります。

いたずらばかりしていた子供が、ちょっと善いことをしてほめられたら、すっかりうれしくなって、また善いことをしたくなる、という状態です。

★善い種は発掘して手をかければ花を咲かせる

京都府福知山の市立動物園の猿山に、大量の花火が投げ込まれ、猿が火傷をした事件がありました。平成二十四年一月三日のことです。犯人は、五人の少年でした。早朝に動物園に侵入して、ロケット花火などを投げ込んだのです。猿が逃げ惑う様子が面白いと犯行に及びました。防犯カメラに、その様子が映っていて、これが公開され騒ぎが大きくなりました。

少年たちは、面白半分にしたことが、重大な犯罪だと知って、警察に揃って出頭したのです。二月になって、謝罪に訪れた動物園で園長から「誤るなら、猿に」と求められ、一列に並んで「ごめんなさい」と猿たちに頭を下げました。

猿は、すっかり人間不信に陥っていて、火傷した猿は、すぐに犯人だとわかったのでしょう、激しく威嚇したそうです。しかし、その日、少年たちは猿山を掃除して、謝罪の気持を猿に伝えたところ、猿たちは、最後には食べ物を受け取ったといいますから、許したのですね。

なんと、愚童持斎心の教えそのままのような出来事だと、私は印象に残りました。少年たちが、次の段階に進んでくれますようにと、祈っています。

もう一つ、私に愚童持斎心を思い出させてくれたニュースがありました。

平成二十四年二月中旬のいくつかの新聞やテレビで報道されましたが、シベリアの永久凍土で、約三万年前の植物の実を見つけて、ここから種を取り出して、なんと花が咲いたというのです。

これはロシアの研究チームによる快挙で、可憐な白い花のカラー写真が紹介されました。

これは「春雷」の役割を現代科学が果たしたことになりますが、このように永い年月の間眠っていた「種」が、芽を出し、花を咲かせて、私たちに感動を与えてくれているのです。同じ花を三万年も昔の人類が見ていたかと思うと、うれしい気持ちになりました。

同じように、私たちの心に埋もれている善い種は、「発掘」して手をかければ、こうして花を咲かせることができるのです。「種」は消えることはないのだと、生命の不思議さを感じます。

★どんな人にもある喜びを分かち合いたいという気持ち

お大師さまは、愚童持斎心について、まずは「六心」を教えます。

善いことをして歓喜した感動を、また味わいたい。そう思ったら、「六斎日」に「節食持斎」して、施しをするようにと、教えは始まります。

「六斎日」とは、善事を行う精進日で、毎月八・十四・十五・二十三・二十九・三十日が決められています。一カ月に六回、断食なり節食なりして、その代わりに他の人に振る舞いなさい、と。誰にでしょうか。

まずは家族や親戚に、と教えます。次に、見知らぬ人、才能の優れた徳の高い人、音楽家や芸能人へと範囲を広げて、やがて全ての人を供養する「成果の心」に至ると説きます。


難しいことは少しも言っておられない、お大師さまの教えはとても素直でわかりやすいものであります。音楽家がここに登場するのは、良い響きを奏でること、人々の心を明るくする芸能は、神仏に通じることだという、お大師さまの教えでありましょう。目に見えない心を育てるのは、やはり目には見えない「文化」という栄養です。音楽に親しみ、書を究め、あるいは描くのは、みなみな仏さまのメッセージをこの世に伝える「文字」であります。芸能を、このように重視したところに、密教の奥深い教えがあらわれています。

どんな人間でも、あるとき、何か自分の心の琴線に触れる出来事があって、喜びを分かち合いたい、という気持ちになります。それが第一の「持斎」なのです。

我が身我が心を起点に、喜びの光の同心円がどんどん大きくなっていきます。

それでは、どうしたら種子が我が身に芽生えるというのでしょう。

「少しく貪瞋の毒を解して」とお大師さまは申されます。

貪ること、怒ること、愚かなこと。これを三毒といいます。私たちの判断を誤らせ生命の力を弱めてしまう元になる「毒」でありますが、どんな愚かな者でも、この三毒を消すことによって、生活が落ちつき健康になって、善い心が生まれることに気づく、とお大師さまは言っておられるのです。

ほんの少しばかり、笑顔をつくってみましょう。笑顔が、必ず周囲に癒しの波を広げていきます。その波は、安心の世界をつくります。心が穏やかでゆとりが出てきますから、パニックに陥ったりせずに対処することができて、物事がスムーズに進むようになるのです。

★生命が喜ぶとき、それが布施

笑う門には福来る。

これは、言葉のあそびではありません。現代の医学の言葉になおせば、嬉しい気持ちは脳のはたらきを活発にしてある種のホルモンが分泌され、免疫機能が高まります。三毒は生命にとりまして、ストレスとなりますから、これは人体機能のあちこちに停滞やら有毒物質やらを生じさせて健康をいためるのです。

笑うことによって、免疫を担うリンパ球の一つＮＫ細胞が活性化するという調査結果があります。あるいは、赤ちゃんが発声を覚えるためには、笑いが不可欠だという研究者もいます。

笑いというのは、ヒト特有のもので、ネアンデルタール人以来、生じたと、正高信男京大霊長類研究所教授は言っておられます。赤ちゃんが声をたてて笑うようになるのは約四カ月を過ぎてから。それまでは喉の形態が未熟で、まずは母音からやがて子音を加えた音節が発声できるようになります。

これは、大人には想像もつかないほど難しい技術で、赤ちゃんは手足をリズミカルに動かしながら笑って、息を吐きつづけて声門を開閉する訓練をしているのだということです。

笑うことは、人間が習得した最も優れた生きる技術なのです。

その笑いの源は何か、といえば喜びです。生命が喜ぶとき、それが布施なのだと、仏さまは教えました。

布施という行動を、密教では最も尊い行いであると教えます。

金銭があれば、これを必要としている人に与えます。身体を使って助けてほしいという人には、そのように。知識が必要な人には知識を、いたわりが必要な人には、心を。必要としている人に、必要としていることを与えることが布施であります。分かち合うものを自分が持っていることを知ることが、自分にとっては大切なことであります。

分け与えるものがある喜び、それが種子となって、いっそう大きなものに育つのが生命のサイクルなのです。生命が満たされるのは「分かち合う喜び」を知るときだと、お大師さまは布施の心を教えます。

★心を育てていくための修行「三帰・五戒」

その心を育てていくための修行として、まずは「六心」、そして「三帰・五戒・八禁」の教えが続きます。

「三帰・五戒・八禁の頌」が、愚童持斎心の教えにうたわれます。現代の言葉になおしましょう。

「幼児に母がなく
子牛に母牛がなければ
必ず死ぬことは疑いがなく
ヤマイヌや狼がすべて走ってやってくる
生けるものが仏に帰依しなければ
悪魔や鬼神がみなやって来て取り囲む
自分をととのえて（無上の価値ある宝に喩える）
仏・法・僧〔三宝〕に帰依すれば

神々はあえてそむこうとはしない
世間の道徳〔五常〕をたもって犯すことがなければ
来世に美名をはせる
八斎戒をよく実践すれば
人間界と天上界とは光りかがやく
地獄・餓鬼・畜生の世界は、
どうして必ずしも怖れることがあろうか
諸仏はつねに神々しい威光を加えたもう
天上界に昇るか地獄に落ちるかは、
他人の意図するところではない
衰えるか栄えるかは自分の善・悪の行為による」
「節食の心は、必ず仏・法・僧の三宝に帰依すること〔三帰〕を求めて実践する。
五戒・八戒・十善戒は、これより次第に相継いで修行する」
と、お大師さまは続けます。

五戒とは、論語にいう「仁・義・礼・智・信」だとします。

「そもそも五戒は、中国の典籍にある五常の教えと同じである。すなわち、仁・義・礼・智・信である。あわれんで殺さないのを仁といい、（相手を）害なうのを防いで男女の道を乱すことをしないのを義といい、ことさらに心に酒を禁ずるのを礼といい、清らかに思察して盗みをしないのを智といい、道理にのっとった言葉でなければ語らないのを信という。これを五つの徳ともいう。はじめから欠けることなく、瞬時も廃することがあってはならない。

王者が五戒をふみ行なえば、国家を統治し、君子は五戒を受けて、世の中における自分の地位を確立する。しばらくも替えることなく用いるところから、五常ともいう。天空においては五星、地上においては五嶽、処においては五方、人においては五蔵、物においては五行となり、これを保つのが五戒である」

『天地本起経』をひもといて、続けます。

「天地の初めのときに、人は地に生ずる食物を食べた。ひとりの人はたちまちに五日分の食物を取ったので、盗みの戒めを定めた。地に生じた食物を食べることによって貪りの心が生じたので、男女の道の戒めを定めた。愛欲のゆえに、互いに欺き奪ったので、殺すことの戒めを定めた。求め欲することによって、嘘をつきおもねるので、嘘をつくことの戒めを定めた。飲酒することによって酔って乱暴し、あってはならないことをするので、酒の戒めを定めた。

五つの戒めの始まりを尋ねると、そのよってきたるところは久しく、天地の初めにきざし、万物のさきに形をとったのである」

「五戒は身をたすけて
人間界・天上界に生まれる果報を受ける
どこへでも思いのままに行くところは
鬼神も避けて去ってしまう」

論語の教えとは、この世を安楽ならしめるためのもの、仏さまの世界に到達するにはまだだ足りないが、まずは善に目覚めた童にとっては、学ぶべき教えなのだ、というわけであります。

★人として、この世に生まれてきた喜びを生かして生きる指針「十善」

そして、八戒を受ければ、「五逆罪（殺母・殺父・殺阿羅漢・出仏身血・破和合僧）を除いて、他のすべての悪はみな消滅する」と言われてきたと、述べます。

さらに、次に十善です。これも、現代の言葉にしてみましょう。

「殺生と怨みとを離れて人びとのための慈しみを生ずれば、端正にして長寿であり、神々に守護される。盗まず、足るを知って人びとに施せば、物資・財産がなくならずに天上界に生まれる。異性に対する邪まな行為〔邪婬〕を離れて煩悩の心がなければ、自分の妻に満足するから、ましてや他の女性に対して煩悩の心が起ころうか。自分の妻妾をうばわれることがない。

これはさとり〔円寂〕の器にして迷い〔生死〕を出ることである。

嘘をつかない者は常に真実を語る。すべての人びとはみな信じてものを供えることは王のようである。二枚舌を離れて（人びとを）仲たがいさせることがなければ、親しい人とも、疎い人とも関係が確かで、怨みによって破られることはない。もろもろの悪口を離れてやさしい言葉で語れば、勝れて妙なる姿かたちを得て人はみな安らかである。理に適った言葉を心がけて、飾った言葉を離れるならば、この身にすなわちもろもろの人の尊敬を得る。

他人の財産を貪らず、心に願わなければ、現世に珠宝を得て、後世に天に生まれる。怒りを離れて慈しみを生ずれば、すべての人びとに愛され、転輪聖王の七宝をこれによって得る。

八つの邪まな見解〔八邪見〕を離れて正しい道にあるのは、これは菩薩の人、煩悩を断ったのである。

このような十善の上と中と下（の部類）は小国の王と転輪聖王と三乗（声聞乗・縁覚乗・菩薩乗）と（のいずれかに）なるもとである」

この愚童持斎心の巻で、お大師さまが教えるのは、人として、この世に生まれてきた喜びを生かして生きる指針であります。

★仏性が目覚めて満たされれば、御仏の光が外に輝き出す

「物に定まれる性なし」

お大師さまは話されます。

人間も物も、つまり生命は変化します。いえ、生命が変化するのではなく生命とはそれほど深く大きな可能性を秘めているのです。愚かな童だと思っていたら、あるとき突然に神童に変化する。その可能性の繰り返しこそが、人間を人間たらしめた生命の進化でありました。

本来、生命が持っている仏性が内で目覚めて満たされれば、御仏の光が外に輝き出す。そうなれば、たちまちのうちに自らの欲望は後回しにしても、他人のために与えるようになる。

まるで、木々の芽が種子から出て、やがて葉が伸びるように、善い心の芽生えが成長して、これが育つと、悪い心をいましめるのだと、お大師さまの教えの言葉はじつに心地よく心に染み通ります。

そして、一つの生命ともう一つの生命が出会い、さらに出会いが増えていくのであります。出会いは、いいことばかりではありません。ときに衝突も生まれます。そこからまた人は生命の真実を知るのです。縁にめぐりあい、仏性が花開くとき、私たち人間の心は真実の充足感を味わいます。

「愚童持斎心」という教えの根拠は『大日経』にあります。大日如来が説かれます。

「愚童凡夫の類は猶し羝羊の如し。
或る時に一法の想生ずることあり、
いはゆる持斎なり。
彼この少分を思惟して歓喜を発起し、
数数（そくそく）に修得す」

現代の言葉になおしましょう。

「愚かな者たちとはひつじのように迷う。
だか、ある時、一つの思いが生ずることがあり、これが『持斎』である。
その者は生じた思いのわずかばかりのことを思って喜び、しばしば実行する」

それが、「はじめての善い行いの発生」なのだ、と説くのです。

どのようにしたら、その善い縁の種から芽が出るというのでしょう。お大師さまは、その種子が育つように、修行の道を教えます。善いことは、言葉で言えば当たり前のことで、簡単のようですが、それを続けていくことはなかなか難しいものです。やさしいことを続ける、それが修行の始まりであります。

芽を出して、花を咲かせる。その道は、人を導く道でもあります。

★お大師さまの説く「王」の道

お大師さまは、この巻で「王」の道を説きますが、それは、人々が幸せに暮らせる道へと導くリーダーのための教えでもあります。

リーダーとは何か。

お大師さまの時代は「国王」としていますが、現代でいえば政治のトップリーダーであります。人々が安心して暮らすためには、その国が平和で、安定していることが基本になります。国の舵を取る、日本でいえば首相はまず、人としての資質が磨かれていかねばならないのです。

お大師さまは、「よくない国王」とは、どんなものかも、教えています。

「人の寿命が減っていく時代〔滅劫〕の人びとはもろもろの悪が盛んであり、富んで幸福なことも寿命もすでに減少している。徳の高い立派な人の器でなければ転輪聖王はない。

そこで法に従う国王と、そうでない国王との二種類の王のみが出る。

正しい理法〔正法〕を信ずることなく悪人に親しみ、経中の王たる最勝の経典〔経王〕

と経典を受持し読誦する人を重んじない。極めて奥深い妙なる真理の教えがひろがらなければ、諸天・薬叉もまたそれを聞くことがない。縛りつけられ、殺害されることが罪なき人びとにおよび大臣・役人はへつらいや、おもねりの心をいだく。好んで非法を行なって、正しい政治がないので王位は長く続かず、諸天は怒る。国を守護する諸天および薬叉は国の領土を捨て去って他方にいく。国土に飢饉や疫病が起こり、いろいろな災害変事がたびたび現れる」

お大師さまが、経典をひもといて教えているのは、誤った政治をすれば、国土を守護する諸仏諸天が去ってしまい、飢饉や疫病、災害変事がたびたび起こるという、古来からの教え、天地の理（ことわり）なのです。

私は、またも現代社会にこの教えを重ねてしまいます。二十一世紀に入ってからの、あまりに多い災害、政治不安を、どのようにすれば修めていくことができるのだろうか、と。

現代の科学では、政治の乱れが異常気象の原因だなどとは言いません。しかし、異常気象が政治の混迷につながることは、確かなことであります。どちらが原因でどちらが結果とは、一概には申せませんが、遠い過去ではなく、この三百年ほどを振り返るだけでも、天変地異が歴史の大きな転換点になったことは、証明されています。

★天が荒れれば国土が荒れ、人の心は沈み、追い詰められて爆発する

振り返ってみましょうか。気象には国境がありません。どこかで大災害が起きれば、地球全体に影響が及ぶことが、よくわかります。

一七八三年六月、日本から遠く離れたアイスランドのラキ火山が大爆発を起こしました。火山の噴煙が空を覆って太陽の光をさえぎり、その後数年間、ヨーロッパと北アメリカでは異常気象に襲われました。噴火後の飢饉で、アイスランドは人口の二割が亡くなったそうです。

同じ年、日本の年号では天明三年七月に浅間山が大噴火します。大量の溶岩が流れ出て千人を超える犠牲者が出ました。鎌原という集落の人たちが、村の高台にある観音堂へ階段を駆け上って助かりますが、途中で多くの人が溶岩流にのみ込まれて亡くなりました。いまでも、この観音堂は、村の人々が守ってお参りの人が絶えません。奇景として知られる「鬼押し出し」が出来たときの災禍です。　打ち続く大噴火で噴き上げられた噴煙で、世界の空は暗く、凶作が続きます。

この異常気象は、世界の政治を変えました。日本では「天明の飢饉」となって、各地で悲惨な飢餓地獄が起こり、徳川幕府崩壊の遠因となります。ヨーロッパでは、フランス革命が起きます。飢饉に追い詰められた人々が、ブルボン王家を倒したのです。

驚いたことに、この大噴火直前の一七八〇年にイランでは死者が五万とも二十万とも伝えられる大地震が起きました。大噴火の三カ月前にはイタリアで死者が三万という大地震、さらには八九年までに、ペルー、トルコ、中国四川で多数の死者を出す大地震が続いたのです。地球規模で大地が激しく動いて、人間社会に大打撃を与えたのでした。

その結果、フランス革命に続くナポレオン戦争、アメリカ独立戦争と、戦火が渦巻くヨーロッパやアメリカは大災害にも見舞われていたのです。

さらに、一八一六年にはインドネシアの火山は千六百年ぶりの大噴火で、世界は「夏のない年」と言われる異常気象になり、欧米では、深刻な食糧危機に見舞われます。ナポレオン戦争が終わりかけていましたが、各地で暴動が起きました。二十万人が死んだといわれています。

一九一四年、日本では大正三年になりますが、第一次大戦が始まりました。ヨーロッパ各国は総力戦で戦い、農村の働き手は戦場に送られて、農村は疲弊し食料は不足します。この頃、またも世界は異常気象に見舞われて、これがロシア革命の一つの要因になったとも言われます。一九一七年、そのロシア革命が起きて、大戦は終わります。

国土の疲弊に加えて、戦場から帰還する兵士によって運ばれたインフルエンザが、翌年春から一年ほど世界で流行して、戦争と同じくらいの死者が出ました。日本での死者は十五万人に及びます。

日本では、この一九一八年の正月は、北陸から新潟、東北まで歴史的な豪雪に見舞われて、死者も多数出ました。異常気象が続いて全国に米が不足、米価が高騰して「米よこせ」の暴動が広がりました。

天が荒れれば、国土が荒れ、人々の心は沈み、あるいは追い詰められて爆発します。そんなときこそ、政治の力を渾身の力で発揮すべきだと、私は信じています。

大災害に続く豪雨や豪雪は、気象の問題ではなく、政治(まつりごと)の問題であると、私は深く憂慮しているのです。

★森に覆われている日本列島が秘めている生命力を今こそ、大切に思うとき

いま、日本では首都直下、東海、東南海、南海地震が、そう遠くない時期に極めて高い確率でやってくると警告されています。富士山噴火の危険も大きいと学者は指摘しています。そうした警告を前に、政治家や政府は、どれだけの対策を立てることができているでしょうか。

私は、現段階の政府の対応を見ていると、決して安心できる状態にないと危惧しています。東日本大震災の復興についても、基本的なしっかりした姿勢が見えてきません。

原発事故という、日本の未来、エネルギー政策の根幹を揺るがす大事故が起きているのに、場当たり的な解決を図っているように思えてならないのです。国民の将来を見据えた決断ができる正しい行動が取れるリーダーが必要だと痛感しているのです。

私は、震災の直後から、瓦礫の撤去を最優先にすることが、復興への早道だと説いてきました。しかし、いまだにこの問題は進んでいないようです。植物生態学者で日本列島の森を再生する運動を長年続けておられた宮脇昭氏は、この瓦礫を埋め立てて、防災林を造るよう、行政に働きかけたのです。瓦礫はゴミではありません。再生すべき「国土」の一

部であります。かつて、関東大震災では、瓦礫を埋め立てて横浜の山下公園を造りました。

瓦礫を遠くに運ぶのではなく、故郷の地で再生を図ることで、大地の力が芽を出し花を咲かせるのではないかと、私は思います。

日本の国土の約七割が、森に覆われている日本列島が秘めている生命力を、いまこそ大切に思うときでありましょう。森があるから、大地が潤い、川も海も豊かになります。すべてはつながって、私たちのかけがえのない故郷を守っているのです。

大震災の予測、噴火の予測があれば、防災の備えをどのようにするのか。分かりやすく広く示していくことが、リーダーの役割であります。政争に右往左往しているときではないのです。国民の安心が広がれば、かならずや御仏に「平和の響き」が届きましょう。

★信じることを互いに積み重ねていって、平和を実現させよう

リーダーがしっかりしていないと、たちまち崩壊の危機に瀕します。法を曲げるようなリーダーは、正しくないと、お大師さまは教えます。

「慈悲があり、慎み譲る心をもって十善を修めれば、諸天は喜んで、国王を守護し、風雨

は時にしたがって、五穀は成熟し、災難は起こらず、国土の人びとは楽しむ」

そして、どのようにすれば、リーダーとしての正しい道を歩くことができるのかを、説きます。

「国王の正しい政治にはかならず三つの条件がある。一つには怠けることなく有徳の人に親しみ近づく。二つには正しい信仰をもってこの経典を聴聞し受持する。三つには王法を犯した者を正しい理法によって罰する……人間界の王は、まさに怠けて心を乱すことをしてはいけない」

この愚童持斎心でお大師さまが説いているのは、この世の現実をどう生きるか、ということです。それは、人間性を深めることだと、私は受け止めています。

「慈悲をもって譲りあえば、善なる行為をもたらすもとを増大させる。このことが原因となって、この世間が安らかに穏やかで、豊かに安楽となり、国民は非常に盛んとなる」

「資産・財宝はみな豊かに満ちあふれ、心に惜しむことがなく、常に恵み施しを実行し、十の善なる行為を完全にそなえて諸天の威徳を盛んならしめる」

「善によって人びとを教え導き、正しい理法をもって国をおさめ、正しい理法を行なうことを奨励すれば、まさに我が宮殿に生ぜしめるであろう」

「かのすべての人びとに、十の善を修行させれば、全土は常に豊かで安楽であって、国土は平和なることを得る」と。

平和とは何でしょう。幸せに暮らすということは、どのようなことなのでしょうか。私の想念は、現代に立ち戻ります。

私は、平成二十四年四月十五日に北朝鮮で開催の、金正日大元帥生誕七十年祝賀行事に招かれました。日本と北朝鮮の関係は、現在のところ良い状態ではありませんが、喜んで参列いたしました。

「最も近くて遠い国」となっている北朝鮮との友好関係が、一日も早く実現してほしいと、私は強く願っているのです。問題は山積していますが、まずは関係を修復して、一つまた一つと丁寧にほぐしていくことはできないものでしょうか。

祈りは、信頼のメッセージであります。信じることを、互いに積み重ねていって、平和を実現しようと願っているのです。難しい時代、難しい関係こそ、最優先で解決しなければ、安心の世界に行き着くことは、なかなかできないのであります。

巻三「嬰童無畏心」

祈りの心に目覚める、その初心が天界の道に通じる

★誰でも願う、幸せな気持ちで暮らしたい

一期一会という仏教の言葉があります。出会いは、いつもこれが一度きりだと思って、大事に思うように、という教えです。しかし、そうは言っても、次にまた会えるかと思うと、待つ楽しみが心に芽生えます。人間は、明日のことを、未来のことを考えるのが好きなのです。

過去を振り返り、未来を思う。そうして、今日を生きていることを思えるのは、人が人であることの証です。

動物も、たとえば象などはとても記憶力が良いと言われますが、人間のように遡って歴史をたどり、伝説をつくって語り継ぐことはできないでしょう。ある種の予知はできるかもしれませんが、未来を想像して夢を実現することは、人間が持つ特権であります。

そうであるなら、過去を振り返るとき、辛い思い出ばかりを並べて悔やんでも、気持を暗くしてはなりません。あるいは、未来を考えて不安を膨らませても、何も得るものはないでしょう。

過去を振り返るときは、その記憶に「ありがとう」と言いましょう。未来を思うとき

は、よりよい日々になっているように、楽しみましょう。

私の亡くなった母は、いつも言っていました。一生懸命お祈りすれば、寺も仏さまも現れるのだ、と。その寺で、より多くの人たちを苦しみから救うお手伝いをするのだ、と。

明るい心は、他の人の幸せを思うところに広がります。自分の幸せな気持を大きく大きくして、他の人と分かち合う心が、夢を叶えてくれるのだと、私は信じています。

幸せな気持で暮らしたい。誰もが願っていることです。そう願いながら、私たちの心は大きく育っていきます。

子供じゃないのだから、もう育つことなどないと、思っていませんか。自分で自分の成長を止めてしまってはいませんか。

以前、ＮＨＫの朝の連続テレビ小説で『カーネーション』をやっていました。世界的なデザイナーのコシノ三姉妹、ヒロコさん・ジュンコさん・チエコさんのお母さん、コシノアヤコさんをモデルにした一代記でした。私自身はなかなかテレビを見ることが少ないのですが、信者さんと話をしていると、しばしばテレビを見た感想を聞かされて、なるほど、と思うことがあります。

大変な人気番組で、最晩年を夏木マリさんが演じていました。アヤコさんは九十歳を超えて亡くなりましたが、ご本人の実像に近いドラマだったようです。こんなセリフがありました。

「年を取るということは、奇跡を起こす資格ができるちゅうこと」と、岸和田弁で言いました。若い人が元気に飛び跳ねていても当たり前だけれど、百歳の人が元気に走ったら、それだけで皆びっくり、これを見ている人は元気を貰う。それが奇跡なのだと言うのです。

ドラマ終盤、糸子という名前の主人公、アヤコさんがモデルですが、彼女は八十八歳になって、病院通いをしながら仕事も「遊び」も目一杯に行動していました。

遊びとは、親しい人たちと食事をしたりすることです。通う病院でファッションショーをやろうということになりました。看護師さん、軽症の患者さんたちが、糸子のデザインした服でショーに参加します。

なかに、末期がんの女性がいました。病院は重症患者の参加は見合わせていたのですが、彼女の強い願いで実現します。子供たちに、きれいなお母さんの姿を遺してやりたいと、末期がんの女性は必死でショーの舞台に立ちます。

その人に、糸子が言うのです。もうすぐ死んでいく患者が、笑顔を見せるだけで、周りの人と幸せを分かち合える、それが「奇跡」なのだ、と。

ショーの舞台に笑顔で立ったお母さんの姿に、幼い息子二人が駆け寄ります。心満ちたシーンでした。だれでも、どんな状況でも、心の持ちよう一つで幸せになれることを、ドラマは伝えていました。

★苦しめば御仏も苦しみ、慈悲を感じれば共に感じている

末期がんの方が、私の寺で行をすることがあります。行は激しいものなので、とても無理だろうと思われるのに、やり遂げます。行は仏さまが一緒にいてくださるからだというだけでなく、本人の意志の力が支えているのです。心の持ちようを変えたことによって、力が湧いてくるのです。心の力は、奇跡を生みます。

心は、いつも変化しています。その変化を、よりよいものにするようにと、お大師さまは、この『十住心論』を説いています。

御仏が私どもを見守る心は、親が子に注ぐ愛と同じだと、お大師さまは教えます。私は、この『十住心論』の巻二から巻三へ読み進むとき、いつもこの教えを思い出すので

す。

巻二は愚童持斎心、闇に迷っていた者が春雷のような衝撃を受けて、見えない、しかし硬い殻を破って、中の実に慈雨が降り注ぐと、それまで見失っていた御仏の心への気づきが芽生える、そんな心の有り様を教えていました。

そして、巻三は「嬰童無畏心」の教えです。

芽が出て花が開いた心を、次の段階に登らせたい。「立てば這え、這えば歩め」と見守っている「親心」を感じます。

思えば、闇に迷っているときも、殻の中から芽を出しているときも、仏さまはいつも一緒にいてくださいます。苦しめば、御仏も苦しみ、慈悲を感じればともに感じているのです。

お大師さまの「同行二人」とは、仏さまがいつも一緒にいてくださることであります。

それなのに、本人は気づかない。どうしたら気づくかと、お大師さまは道案内をしてくださいます。現代の言葉で言えば「ナビゲーター」、いや「パートナー」でしょう。

現代は、「孤」の文字が社会の影を大きくしています。「孤独」の言葉に「死」がつく悲しい最期。誰にも看取られない死は、そこにいたる歳月の寂しさを物語って、胸に刺さります。「孤食」、独りで豪華な食事をするより、粗食でよいから和気あいあいといただくほうが心身の栄養になります。

まずは、初心に返って、生きるとは何かを考えていこうというのが、巻三の嬰童無畏心の教えであります。

★気持ちが良ければ、子供でも善を修めて地獄を抜け出そうとするのが真理だ

『十住心論』は、密教の教科書ともいうべきものですが、お大師さまが若き日より学んできたアジアの哲学が、ここに込められています。留学する前に、お大師さまが発表した『三教指帰』が底流にあると、私は読んでいます。

第一の「異生羝羊心」は、哲学も宗教も何も持たない、生きる指針のない者たちの心であります。第二の「愚童持斎心」は、孔子の教え、倫理や社会道徳、釈迦で生きるためのルールを語るものであります。

そして、この第三の「嬰童無畏心」は、道教やインドのバラモン教・インド哲学までも説明しながら、さらに広く深く、教えの世界を展開していきます。

真言密教は、アジア文化の集大成といわれますが、お大師さまは日本で学び、さらに唐帝国の都で研鑽を積まれ、身につけた学問の神髄を余すところなく、ここに盛り込んでいます。

「そもそも空を飛ぶ幼虫は、きまって幼虫ではない。
大魚は必ずしも大魚のままではない。
泥から飛びたってたちまち大空を払い、水を打ってたちまち風上に泳ぐ。
雄羊のような心の持主にもこれがあてはまる。
愚かな児童の心もまた同じことである」

巻三は、こんな書出しで始まります。

雄羊のような心の持主とは、巻一で語られた「異生羝羊心」、目先のことに心を奪われて善悪の区別がつかない心の持主であり、暗闇の世界で迷う心でした。愚かな児童とは、巻二の教えで、いわば倫理が芽生えた世界でありましょう。

そうした段階にある者でも、幼虫が大空を舞うような、大魚が水面を蹴るような、爽快な気持ちになることがある、というのであります。

気持ちが良ければ、何もわからない子供でも苦をいとい、御仏の戒めを守って天界に生まれ、善を修めて地獄から抜け出そうとするのが真理だ、と申されます。

罪を犯した人が、逃亡生活の果てに捕まって、ようやく安らぎを得た、と心境を語ることがよくありますが、人間は悪事を働いているよりは、ほんとうは心安らかな人生を送りたい、と願っているものであります。

★清らかな心を素直に喜べるとき、初めて自分の仏性と出会う

まずは、「嬰童無畏心」とはどんな状態でしょうか。母親の乳を飲んでいるような、おそれのない安らかなイメージであります。

幸福を国民生活の指標としているブータンでは、飼っている牛の乳を搾るとき、まず子牛に乳を飲ませます。母の乳がスムーズに出るのだそうです。そして、人間のために、その日に必要な分だけ搾ります。後は、子牛が存分に、という搾乳なのだそうです。

子が飲むとき、母牛は安心して乳房を緩めるのです。それが母の心であります。その愛に包まれて、子牛は安心して乳を飲むのです。

先ほどお話した『カーネーション』は、昭和を生きた人たちの哀歓が伝わってくるのが

人気の秘密の一つだそうです。

もう一つ、印象深い場面がありました。「日本の母」が描かれていたのです。昨今は子供を殺してしまう母親のニュースが後を絶ちません。どうして、このような悲惨なことになってしまうのか。私は、「母の心」を教え繋いでいく家庭という場が崩壊しているケースが増えてしまっているのだと思っています。

子の心に寄り添って、母親は生きてきたはずです。しかし、現代日本では子の心を見ることができずに右往左往しているとき、「昭和の母」たちの心はどこへ行ってしまったのかと、思わずにいられないドラマのシーンでした。

糸子が家族のように付き合ってきた、近所の髪結師がいました。その女性は、夫を第一次大戦で亡くしました。日本軍は中国の青島に出征して、戦い、勝ちました。しかし、その髪結いさんの夫は戦病死してしまいました。二人の男の子を女手一つで育てます。

長男はしっかりしたよい大工になって一家を支えます。次男は、泣き虫で弱虫ですが、心の優しい子に育ちます。そこへ昭和の戦争が始まり、召集された次男は、中国戦線から心の病にかかって帰還したのです。完全に回復しないまま、敗戦間近に再び召集されて戦死しました。長男もまた、同じく敗戦の年に召集されて死んでしまいます。髪結いさんは、すっかり気落ちして寝たきりになりますが、糸子の決死のはたらきで立ち直ります。

その髪結いさんが、余命いくばくもない入院先で、糸子に言いました。テレビを見ていたら、中国戦線で日本軍の侵略場面を映していた。次男は、戦場でひどい目にあったから、心が壊れてしまったと思っていたが、「息子は（ひどいことを）したからだったんや」と涙を流したのです。

心優しい次男は、強いられて殺戮に参加した自分が許せなかったのです。それで、引きこもり、心を病んでしまったのでした。加害者も被害者も、実は傷ついています。傷つけた側もまた深い傷を背負って生きることになります。

次男は傷つきながら、母と暮らして癒されていきました。ようやく、少し働けるようになったとたん、再び戦場に送られて、亡くなりました。母がいたから癒され、しかし、再び還らぬ人となってしまったのです。

同じような物語は、日本中に、いや世界中にたくさんあったはずです。戦争とは、なんとむごいことでありましょう。戦争には、本来、勝者も敗者もありません。この母と子の心を忘れなければ、平和はきっと訪れると信じて、私は祈っているのです。

ここで申し上げたかったのは、「母の心」であります。我が子が傷つけられたと思って包み込んでいたのも母の愛なら、傷つけた苦しみを抱いて死んでいった我が子の心を思うのも母の涙であります。

心ならずも他国の人々を傷つけてしまった苦しみを、母は理解したのです。目の前にいたら、きっと抱きしめて、苦しみを分かち合ったことでしょう。

どれほど非情な行為をしたかではなく、そのことで我が子がどれほど傷を負ったかをわかって支える。母とは、それほどに子を深く、深く愛するもの、まさに御仏の心であります。

その母を恋うる嬰児のように、清らかな心を素直に喜べるとき、初めて自分の仏性と出会うのです。

お大師さまは、このことを「嬰童とは初心ということ、無畏とは煩悩の束縛を脱すること」だ、と話しておられます。

★バランスを保ち、罪も福も我を忘れて貪ってはならない

仏性と出会い、煩悩から抜け出すことは素晴らしいことですが、これは一時のこと、そ

の後の精進が大事なのですよ、という教えが巻三であります。

嬰童は、人が戒めを守って、よい行いをした結果、天界に生まれた状態です。天界には三種あり、仏教以外のもの・小乗仏教のもの・大乗仏教のものとがある、と述べます。

お大師さまは「いまは仏教以外の教え」も、そうした仏教以外で教える瞑想や天界の様子などを、詳しく紹介しながら密教の教えを語ります。

密教は「肯定」の教えです。否定したり、切り捨てることは、教えに反します。あれが悪い、これが間違っていると切り捨てるのではなく、ここが違うから密教の教えのようにすればよいと説くのです。受け入れて、それから足りないところを補うよう、手をさしのべて、共に生きていこうとするのが、密教の教えであります。

祈りの心に目覚める、その初心が天界への道に通じていきます。私の話を聞いて、気持がいいな、と感じたら、それが「嬰童無畏心」だと思って下さい。その心地良さを求める気持ちが、次の祈りにつながり、自分のなかに見つけた仏性の種子を育てることになりましょう。

しかし、お大師さまの言葉を追っていますと、これには、どのような教えが込められているのかと、一瞬、立ち止まってしまうものがあります。

「罪福、慎まずんばあるべからず」

罪悪と福徳を慎まなければいけない、というのであります。罪悪はわかりますが、福徳をなぜ慎む必要があるのでしょうか。

福徳とは、他人のためにはたらいて得られる福を言います。古典仏教で、繰り返し説かれているのは布施・持戒・忍辱を実行することが福徳だとされてきましたが、お大師さまは仏塔や仏像を建立することも、布施や持戒や忍辱などの徳があることだと、大きな解釈をされました。

福徳を他人のための行い、とすれば、仏教ではもう一つ、自分のための行いを定慧（じょうえ）と呼んで、この二つを正しい道と教えます。

定慧とは正しい瞑想と智慧だと、古い仏典でも繰り返し説かれていますが、お大師さまはこれについても、正しい真理の教えを示すことだ、といいます。

仏典に書かれていることだから、それだけを実行していれば正しい道なのだ、ということにはならないよ、とお大師さまは言われたのだ、と私は思っております。

「私は福徳を、こんなに一生懸命やっているから、正しい道を歩んでいる」、という気持ちを戒めているのだ、とも言えます。仏典に書かれていることだから、あるいはお大師さまがこう言われたから、と思い込みや早飲み込みで理解したと簡単に、これは正しいのだという考えは危険です、というわけです。

良いとされていることも、過ぎれば害になることもあります。行者ではない人が、他人の幸せを祈って行をすることは「福徳」でありますが、これだけに一生懸命になって、その人が本来やるべきことをなおざりにしてはなりません。

調和、バランスをしっかり保って精進しなさいという教えであると、私は考えています。自分をしっかり持って生きるように、罪も福も我を忘れて貪ってはならないという戒めであります。

他の力によって知った道徳や倫理だけをたよりに、人間の幸福が得られるかどうか、といえば、決してそうではありません。正論がかならずしも正しくないことは、皆さんも人生経験のなかでよくご存じだと思います。

「私は正しい」と、他人を裁くとき、論が正しくとも、裁く心が間違っていることがあるものです。「弾劾は正義に似たり」という言葉を、私は大切にしていきたいと思っているのです。

裁くのは、御仏であります。自分が正しいと思って「裁いて」しまっては、怨みの連鎖が残るばかりでありましょう。

★天の教え、人の教え、それ以外の迷いにさえも真理が含まれている

第二次大戦が終わったとき、当時、中国を統治していた国民政府の蔣介石総統は、膨大な陣容で中国に残っていた日本軍将兵を、すみやかに帰還させました。「暴を以て暴に報いることなかれ」と、蔣介石総統は恨みを残すことを戒めました。

やがて、中国は政権が変わりましたが、日中交流のスタートは、ここに始まると思っています。最近の若者なら「リセット」というのでしょうが、「初心」の大切さはそこにあり、二度と過ちを繰り返さないという教えでもあると、私は信じています。恨みを抱かないために、自らを鍛える苦しみでもあります。「許す」ことができる心を作るために、自分に打ち勝つ強さを磨くのです。

お大師さまが、この巻で説くのは、さまざまな教えに触れることも大切だとします。天の教え、人の教え、それ以外の迷いさえも、さまざまな教えのなかに真理が含まれてい

る、というのが、この本質であります。

大日如来、宇宙そのものとは、天も人も餓鬼も同じく包み込み、ともに生きているのだから、天だけ、人だけ、鬼の世界だけを論じていてもほんとうの幸せにはつながらない、というのがお大師さまの教えなのです。

生きとし生けるもの、すべてに仏性があるのですから、たとえ鬼でも、いっときでも天界の喜びを知れば、その喜びを永遠のものとしたいと願い、「かの天龍」とお大師さまはここで呼んでおりますが、生命の源である神仏に帰依して、苦しみを抜いて、楽しみを与えてほしいと慈しみを祈るようになる、というのです。

★瞑想は安らぎの精神世界に至る修行

ここで、お大師さまは「瞑想」について教えます。

「三途の苦果は前因を畢(おわ)りて出て、四禅の楽報は今縁に感じて昇る」

苦しみは去り、瞑想によって得た楽の果報によって、天上界に昇ってきたのが、この「嬰童無畏心」であります。

ホッと一息ついて解放された気分になるのです。そこにいたる道に「瞑想」があります。安らぎの精神世界に至る修行であります。道教もヨガも、さまざまな宗教が瞑想を取り入れています。

そうした「瞑想」についても、詳しく論じていながら、しかし、この段階で得た「安らぎ」は、輪廻を脱するものではなく、一時の休息なのだと、お大師さまは説くのです。

私は、ここで密教が教える瞑想について、語ろうと思います。正しい瞑想を知っていただきたいと思うのです。

お釈迦さまは、瞑想によって覚りを開きました。人間とは何か。生きるということはどんなことなのか。深い瞑想の末に、生命の真理を知ったのです。

深い瞑想に入った状態を、三昧と言います。贅沢三昧などと日常の言葉にも使われる「三昧」は、本来は我が心におられる仏さまと出会っている状態のことであります。ほかの雑事雑念にとらわれない、超越した一心の世界に入ることなのです。

お釈迦さまが、二千五百年ほど前に、インドの大樹の下で、この三昧の境地に到達して得た生命の真理が、仏教の原点です。すべての教えは、ここから始まりました。お釈迦さま三十五歳のときでした。

そのお釈迦さまの言葉を教えとして、原始仏教の経典が作られました。しかし、経典を究めていくだけでは、お釈迦さまが到達した覚りに触れることはできないのです。密教は、お釈迦さまが覚りを得た、その胸の中に飛び込んでいったのです。

瞑想によって、お釈迦さまと一対一で呼吸し、感覚を得ようとするのが、密教の行であります。お釈迦さまの呼吸を我が呼吸として、一体となろうとするものなのです。

お釈迦さまが、初めて瞑想によって、仏さまの世界に入ったのですが、その後も有名無名の修行者たちが、同じように三昧に入り、大日如来の教えに触れていきました。弘法大師空海、お大師さまもその一人でありました。

★自覚する自分の心を深く知る

三昧と自己催眠とはまったく違います。三昧とは批判能力をもっています。ちょうど、じーっと静かに回る独楽のように、三昧とは頭脳が非常に明晰な状態であります。

自分の心を見つめて、知る。私たちは自分の心を知っているようで、じつは知らないことのほうが多いのです。知っているのは、ほんの僅かで、氷山の一角にすぎません。どのような葛藤が心の奥底に潜んでいるものか、次第に見えてくれれば、そこから道が開けます。

自分のなかの葛藤に「はーっ」と気づくと解放される。気がつかなければ、その虜になって、そっちの方に行ってしまいます。自分の妄想に引きずられて闇にさまようことになります。

自覚する自分の心を深く知るということは非常に大切であり、この「如実知自心」という教えを徹底したのが仏教であり、密教であります。

心はどこにあるのか。「内に在らず、外に在らず、及び両中間にも、心は不可得なり、つまり得ることができない。心は青に非ず、黄に非ず」と、『大日経』は説きます。ここから「識」、意識の「識」ですが、この存在が表れてきます。

「外道」と密教と違うのは、精神世界を感応して得る「超能力」をどのように扱うかにあるでしょう。

「私ほど苦行した者はいないだろう」と、お釈迦さまは弟子に言われました。身体を痛めつけて得るものを、とことんまで究めて、これではないと、わかったのです。

行とは体験です。ただただ、苦しめることを目的にした苦行では、ある種の超能力を得ることはできるでしょう。しかし、その超能力を、どのように使えばよいのかは、苦行からでは答えは出ません。慈悲の心がともなっていないからです。

苦行から得た超能力だけでは、人々の苦しみを救うことができないばかりか、かえって不幸にしてしまうこともあると、お釈迦さまは理解したのだと、私は思います。

その力の源は、何か。お釈迦さまは、そう思って、苦行をやめて、里に下りてきたのだと、思うのです。

★護摩行と瞑想とは「即身成仏」という究極の教えに行き着く

そして、深い瞑想の末に、生きものがすべて持つ生命のサイクルは、生老病死の苦を背負っていること、そして、その苦をどのように解脱して生きていくのかという「覚り」を得たのです。覚りを得たお釈迦さまは尊い真理への扉を私たちに開いてくださいました。

その扉には、しかし、さらに奥深い秘密の扉が隠されていることを、密教の始祖たちは教えてくださって、生命の秘密に、私たちを導いてくださったのです。

しかし、お釈迦さまは瞑想によって得た超能力を使うことを禁じます。ご自身と厳選した弟子だけが、苦しむ人たちを救うために超能力を使ったようです。それよりも、これに代わる戒律をもって、お釈迦さまは御仏への道を説きました。

護摩行と瞑想とは、動と静ともいえる行法で、いずれも即身成仏という、お大師さまの究極の教えに行き着きます。そこが、密教の行としての瞑想であります。私は、日頃は護摩行を修していますが、瞑想も幼いときから教えられてきました。

昭和四十四年、西暦でいえば一九六九年の秋のことです。私は三十三歳、ようやく鹿児島市内に自坊を創建したばかりでした。折から、高野山真言宗のアメリカ大陸巡回伝道部長に任命されて、南米や北米各地を回っていました。講演をしたり、説法したりしながら布教に努めるお役目です。

その巡回の途中、私はブラジルに参りました。日系人がたくさん暮らしていますから、お大師さまの教えを伝える重要な拠点です。その中心の大都市リオデジャネイロには、知識人を中心にした白人仏教会というものがあります。

そこで、私はおよそ五百人が参加した総会で講演をしました。総会に出席していた会員は、政財界、上級軍人、医師、大学教授、ジャーナリスト、教育者など、それぞれの分野でのリーダーたちでした。東洋哲学にも造詣が深く、仏教のことも深く理解している人たちだったのです。その人たちに、お大師さまの教えをどう伝えればよいか、私はとっさに次のようなことを話していました。

「人間は大日如来から体という衣を着せられて生まれてきた存在で、死ねば再び大日如来のもとに還ります。人間は大日如来の分身と表現してもよく、仏性があって当然です。そこで、心で諸仏に念じ、体で帰依を表現し、口で真言を唱えて本来のパワーが出てくるように祈るのです」と説いて、三十分瞑想するようにと申しました。

私自身も瞑想をしました。三十分経ったとき、大声で声明をあげ始めました。時計を見なくとも、意識の奥で体内時計がはたらくので、時間通りに瞑想から戻ってこられます。私の声明の響きで、聴衆はハッと自らの行から醒めたようでした。

講演を終えたあと、会長以下ほぼ全員が弟子になりたいとやってきました。瞑想の力をまざまざと見せていただいた思いがした、私にとっても改めて仏さまに触れたという感動的な体験でした。これは、自慢話ではありません。

このように短い時間に多くの人びとの心をつかむことができたのはおそらくは、全員で同時に行った瞑想の力だと、私は確信しています。

★瞑想は内なるわが世界、御仏の世界を照らし出してくれる

瞑想とは、「宇宙と呼吸を通わせて、宇宙の心を生きること」だと、瞑想を究めた山崎

泰廣師が説いておられます。私たちが息づいている大きな宇宙のリズムと、私たち自身である小さな宇宙とが、ピッタリと一致したとき、私たちは宇宙そのものである大日如来に包まれて、仏さまと一体になるのです。

瞑想は、全身で思考することです。方法はいくつもありますが、真言密教では、阿字観や月輪観を中心に瞑想を教えます。

生命は阿字から旅立って宇宙をさまよい、やがてまた阿字という大いなる仏さまのふところに帰っていく。それが、生命の旅、心の旅なのだと、お大師さまは教えます。その生命の源を私たちに感応させる「阿字」の瞑想をすれば、私たちの仏性を覆い隠している三つの毒を払って、仏さまと一体になることができるのです。

私は以前、拙著『左脳で記憶すると数百倍損をする』に書きましたが、密教の瞑想は精神の癒しというだけでなく、潜在意識を活発にするはたらきがあるようです。

密教瞑想法の基本は、自分の胸の中に澄みきったまん丸い月を思い描き、その月輪の中にさまざまな梵字の神秘な字義を観想します。梵字は瞑想によって三昧耶形となり、三昧耶形が変じて御仏の形となり、その御仏と自分とが一体になる、このイメージによって感じるものがあるはずです。詳しい行法は、私の著書にいくつか出ていますので、これをご覧いただくとよいでしょう。

正しい瞑想をすると、自分という存在が一人ぼっちで、孤立して存在しているのではないことが直感的にわかってきます。ひたすら仏さまを観じるところに、瞑想の世界が生まれます。

私の亡くなった母、智観尼は行者としても私の師でありますが、私とは違って護摩行はせずに、瞑想と読経を行としました

母は、平成四年十二月六日、八十六歳で入寂しました。亡くなる日の天候を前もって語っていたほど、法力の強い母でした。弟子や信徒の方たちからは「仏さんのようにやさしい」と言われましたが、私にはきびしい、きびしい母でした。

母は、午前零時から朝まで読経しました。午前四時には、浜に出て水を汲んで、また祈ります。祈って祈って祈って、みな人のために瞑想して、祈りました。

母は霊感の強い行者でしたから、私達の肉眼では見えない宇宙の彼方までをも見ることができたかと思うことが多々ありました。私心なく祈ることこそ、母の信念でした。そう

した能力を生涯にわたって人々のために役立つことができたのは、祈りによる瞑想が母を守ってくれていたと、私は信じています。

瞑想は、内なるわが世界、御仏の世界を照らし出してくれるものであります。

四章

巻四「唯蘊無我心」

自我の実体は実在しないことを知る

★教えを聞いただけでわかったつもりになってはいけないよ

現代人は、とても情報が多い社会に生きています。マスメディアから小さなPR誌、ネットを駆使すれば、地球の裏側で起きている事件も、たちまちのうちにわかります。しかし、氾濫しているかのように見える情報も、じつは同じようなものが繰り返し、メディアによって流されているのです。その同じような情報をもとに、何かを判断していては、とんでもないことになるかもしれません。ほんとうは、もっともっと、いろいろな出来事があるのに、気付かずに過ぎてしまうのです。

ラジオもテレビも新聞も、ネットも、みな受身の情報です。

見たり、聞いたりすることから学ぶことも多いのですが、これを仏教では「声聞」と言います。教えを聞いて覚ったつもりになる状態です。人の話はよく聞かなければなりません。しかし、聞いたことだけで、わかったつもりになってはいけないよと、お大師さまは戒めます。受身だけではいけないのです。

「声聞」とは、教えを聞く人のことです。お釈迦さまが覚りを開いて説法をされた、そのお話を聞いて仏さまの道を学ぶ人たちのことを、声聞と言いました。のちには、一つの修行の段階にいる人たちのことを言うようになりました。

お経を読んで仏さまの教えを暮らしの中で体験し、修行していきますと、その教えがどのようなものであるのかを、体得できます。その教えを聞いたことによって、一つの境地が開かれるのです。

「耳学問」「耳年増」などという言葉もありますが、「知っているつもり」や「知ったかぶり」では、いつまでたっても、本当のことがわからないと、お大師さまは、この段階にとどまってはいけないと教えるのです。

物事は確かめなければなりません。最近のインターネット社会では、誰でも情報を発信できますが、それが正しいかどうかはわからないという、妙な時代になりました。聞いただけで覚ったつもりになってはいけないという、お大師さまの教えが私の胸で重なります。

現代は、とても便利な社会になりました。携帯電話の普及は、私たちの生活を大きく変えてしまいました。確かに便利ではありますが、「足を運んだり」「目で見て確かめたり」ということをしなくなっています。振り込め詐欺は、そんな日本社会の一つの象徴であります。

★大切なのは物事をしっかり見ること

企業年金の運用を任せていた投資会社が、ウソをついて顧客を勧誘していました。老後の蓄えが消えただけでなく、倒産する中小企業も出てくるという深刻な問題です。その背景には社会保険庁のＯＢたちの人脈が、この投資会社への委託を増やすことになったという理由もあるそうです。

ひどい話でありますが、しかし、任せきりにしていた「油断」もあったかと危惧しています。責めているのではありません。みな資金の運用などまったくわからないから、任せていたのですから。

しかし、私はこの点をこれからの反省にしてほしいと願うのです。聞いただけのことで、わかったつもりになってはいけないのだ、と。任せるときに、どんな点に注意したらよいか、調べて任せることが大事です。自分で動いてみることをなおざりにしてはならないのです。

それは、自分をしっかり持つことであります。そのためには、物事をしっかり見ることだと、お大師さまは教えます。

この世に生きる私たちは、身体を持って活動しています。生きとし生けるものは、みな同じです。しかし、その身体は永遠のものではありません。いつか滅びるものだということを、私たちは知っておくようにと、教えているのが、この巻四であります。

『十住心論』は、巻三までは世間の人、いわば普通に暮らす人の心のありようを説いていますが、これからは、仏教の教えに導かれて覚りへの道を精進するには、どうしたらよいかというもので、この巻四は仏弟子入門編といえましょう。

お坊さんになるわけではないから、そんな話はいらないと思う方もおられるかもしれません。けれど、生きとし生けるものはみな仏性を持っています。仏さまの道を歩くことはほんとうの自分と出会う旅をすることです。

仏さまの弟子には、在家のまま、日々の暮らしのままでもなれます。生きることは、じつは仏さまの道を歩いているのだと気づいたとき、輪廻を超える道が開けていくのです。

★自分という存在は物体だけのことではないとまずは知りなさい

巻四は「唯蘊無我心（ゆいうんむがしん）」です。悟りにいたるには、まず自我の実体というのは、もともと実在しないものだ、すべての存在は空なのだ、という真理を理解しないと、その先に進めないよ、という教えであります。少し難しいかもしれませんが、自分がいる。しかし、その自分という存在は物体だけのことではないと、まずは知りなさい。そこから、次の段階に入るのだ、と。しかし、生きものが物体を超えた存在であると知ったあと、どう考えるかというところに、お大師さまの教えが展開されます。

私たちが、こうして集まり、話したり、聞いたり、食べたり、飲んだり、動いたりする肉体をどうとらえるか、という問題です。

私たちは、この世に肉体を持って生まれ、生きています。この私たちの身体はまことに不思議なものです。毎日、誰が命令するのか、目覚めて動いて働きます。病気の人も、どこかが動いて働いています。身体の働きが停止すると、私たちの肉体は滅びます。それが、この世に生まれてきた生命のサイクルです。誰も、例外はありません。自分もいつかは死ぬ、死ねば肉体は腐敗し、やがては風化していくということを、誰も認めたくないと思いながら生きています。

形があるものは、みな形を崩して、やがては死にます。この世から消えてしまうという生命の姿から目をそむけてはいけないよと、お大師さまはまず教えているのです。

仏教の「無常観」と言いますか、私たちには見えない存在があって、そこに気づくことが「覚り」であるように思ってしまうが、それは間違いなのだと、この巻四で、お大師さまは説くのです。

声聞たちの修行は、何代も生まれ変わって幾多の戒律を守り、ようやくにして超自然的な神通力や瞑想力を得て、覚りに至るものだと、お大師さまは教えます。修行によって身心の感覚を超えた静かな「虚空」の状態にいたることができるのが、「声聞の覚りの成果」だと、教えているのです。

見えている世界が、じつは幻なのだということを実感するためには、トレーニングが必要です。理論を理解しただけでは、ほんとうにわかったことにはなりません。お大師さまが「行」を重視されるのは、感じ取ることの大切さを説いておられるのです。まずは修行するところから、仏さまへの道ははじまります。

★この世の幻を知るためのたいせつな五つの修行

巻四のなかでは、この世の幻を知るためのたいせつな修行として、五つの修行をあげ、とりわけたいせつなものとして、不浄観と数息観とをあげています。どちらも、瞑想であります。いずれも、自己流にしないことです。かえって身心を痛めてしまう結果を招きます。必ず、正しく学んだ指導者のもとで始めてください。最初がとても大切です。

不浄観とは、むさぼりの心を断つために行うもので、屍体の観察です。瞑想して、人の屍相を九種に観想するのです。それは、決して美しいものではなく、中には血塗想などというものもあります。

どれほど美しい衣裳をまとって輝いて見えた美人でも、死んだ肉体は硬直し、むくみ、蛆がわくにまかせ、やがて白骨化していきます。美しい色、形、柔肌、美しい食事さえ醜さのもとになるばかりです。

心をなおざりにして、形を求め、グルメとなり、あるいはダイエットに大枚をはたく現代人は、その醜さを忘れているのです。

お釈迦さまが出家する動機となったのは、どれほど富に栄えようとも、人間は必ず病み老いて死んでしまう、ということに気付いたからだと言われます。美しい女性とて、生身の人間であれば、食べて、排泄しなければ生きていけません。

朝（あした）に紅顔の美少年が夕べには白骨と化す。「この世ははかないもの」という教えのままに、日本ではわびやさびの世界が生まれ、出家は世を捨てる悲愴感さえ持たれました。しかし、お大師さまのこの文を読んでいますと、美しいものが醜くなるのは悲しい、というような情緒はありません。

無常というのは、もともと常ではない、つまりはいつも変化している、というだけの意味であるはずなのに、寂しい感じがつきまとうのは、変化することに抵抗を持つ、定住型の農耕民族のせいかもしれない、と思ったりもします。

数息観というのは、呼吸法であります。心に落ちつきのない、あれこれ思い悩み、詮索したくなるような人のための瞑想法です。

まず呼吸を整えることを数息と言います。次に呼吸しながら心を散らさない随息、そして心のはたらきをなくして、その心でものをよく観察し、さらに心を転回して反省すれば、妄想が起きないから清らかな状態になる、というわけです。

この数息観は、私もいつも行っておりますし、弟子たちにも毎日の生活のなかで、いつでも行うように言っています。

★まず自分の生きているリズムを取り戻せ

人間は呼吸をして生きています。吐いて吸う、この繰り返しが、生きるということなのです。このリズムに、素直にのっていると、いつか宇宙のリズムと合体できる、ということです。迷いとは、宇宙の呼吸と私たちの呼吸のリズムが合わないときのズレだ、と思えばよいでしょう。

こだわればこだわるほど、ますます迷いから抜け出せずに苦しんでしまいます。まず、自分の生きているリズムを取り戻せというわけであります。まず吐いて身体を空っぽにしなければ、新鮮な空気は吸えません。たまった悩みや苦しみを抱いたまま、いくら吸っても、なかなか吸収できません。

新鮮な空気いっぱいになったところで「心を転回せよ」、とお大師さまはお経を引用しながら教えて下さいます。

人間の脳にはものすごいエネルギーが内蔵されていて、それによって肉体と精神のはたらきをコントロールしています。この脳をはたらかせるために、全身のほぼ五分の一の酸素を脳が消費するそうです。脳は、酸素もブドウ糖も蓄えておくことができません。生まれた瞬間から死ぬまで、一分と休むことなく補給し続けなければならないのです。呼吸が乱れれば、脳の補給がスムーズにいかないのが道理ですから、初級コースのなかでも、とりわけ大事な修行なのです。

「心の転回」とは、発想の転換です。

人間が酸素を吸うとき、まわりの空気は酸素を吐き出しています。酸素が、人間の身体と大気の間を行ったり来たりしている状態を、呼吸と呼ぶのです。これも「色即是空」の虚と実の関係ですね。

人間は酸素を吸って炭酸ガスを吐き出しますが、植物の光合成と呼ばれる呼吸はこの逆です。こうして、大気は出たり入ったりを繰り返しながら、めぐりめぐりながら、ともに生きているのであります。宇宙のリズムに合わせながら、人間も大気も水も動物も植物も虫たちも、ともに踊り、動いています。その連動しているさまを、生きている、と私たちが呼んでいるのです。

★物体は消えるが生命は永遠の存在

私は、長年にわたって国立大学の医学部で講義をしてきました。気になっていることがあります。それは、解剖のことです。医学の基礎教育として、解剖の授業があります。「献体」と言いまして、亡くなった方が、ご自分の遺体を医学教育のために提供して下さいます。ほんとうに尊い行為であります。

どこに、どのような臓器があるのか、医学生たちは目で見て、確かめます。これは、学生にとっては医師になるための大きな試練になります。遺体にメスを入れることは勇気がいります。臭いもあります。決して気持のよいものではなく、解剖の授業をクリアできなくて、医師になるのをあきらめたという人はけっこう多いのです。

遠い昔のことになりますが、中世ヨーロッパの大学の医学教室では、解剖の授業は観ているだけのものでした。遺体は、ほとんどが処刑された者でした。スリバチ状の教室の下のほうに、遺体を置いた台があります。解剖は係りの者が切り開いて、終わると台の下の床が開いて、下の下水道に落ちる仕掛けになっていたのです。教授は上の方に座って、講義をしました。よく見えていないのですから、臓器の位置の説明も間違いだらけでした。

この授業を大きく変えたのが、ベサリウスという医学者でした。彼は、自ら解剖台の横に立って、一つ一つを正確に講義しました。大学では、これは教授の権威を貶めるものだからと禁止しますが、ベサリウスはめげずに隠れて続け、解剖学の基礎をつくりました。

まさに「声聞」ではない、自分の目で確かめることを学生たちに教えたのです。

さて、日本の現代の医学部にお話を戻しましょう。献体されたご遺体は、解剖学の授業を終わりますと、ご遺族に返されます。ご葬儀はそれからのこととなるわけです。

私は、大学として、宗教的な慰霊の行事をしてから、ご遺体をお返しすべきだと、申していますが、「政教分離」という建前を言い訳とするばかりで、実行する意思はないのです。亡くなられた方の、献体という尊い行為に対して、その霊に深い謝意の祈りを捧げたいのが、私の願いであります。

物体は消えますが、生命は永遠の存在であります。生命の本質を思わずして、医学生を教え育てることができるでしょうか。

政教分離と言いますが、これもまた「耳で聞いただけ」の理屈であります。自分の頭脳で考えず、教えられた通りにオウム返しに答えているにすぎません。

本当の政教分離とは、政治のなかに宗教を持ち込まないことであります。消費税を上げるのに、たとえば仏教の特定の宗派の教祖が反対だから反対だというのは、政治に宗教を持ち込むことになります。日本の平和憲法では、誰にも信仰の自由があります。そして、誰もが信仰への敬意を持つべきだと、私は信じています。他の宗教を排斥してはなりません。そして、死者への宗教的な儀礼は大切にすべきだろうと、考えているのです。

死者は物体ではなく、霊として扱うべきだと信じます。もちろん、ご遺族が宗教的な慰霊をいらないと言うのであれば、これを尊重すべきでありますが、大学が否定するのは、納得のいかないところです。

献体をして下さったそのご遺体を、授業が済んだら慰霊もせずにそのまま返すことに、私は悲しみさえ覚えます。

★自分の覚りだけの世界にいる限り、本当の覚りには到れない

さて、この「声聞乗」は、巻五の縁覚の教えと合わせて「小乗の教え」と言います。

小乗とは、小さな乗物というのが元々の意味になります。自分だけの修行によって独り覚りを得る、それが小乗です。『十住心論』では「羊車」と表現されています。羊が牽く車ですから独り乗りの小さなものです。道端を疲れてトボトボと歩く人たちを、乗せて行くことはできません。

修行によって、覚りを得られるが、それは独りぼっちの覚りであって、広く人々ととももに彼岸に行くものではありません。それは、通過する道ではあるけれど、そこに留まってしまったら、永遠に仏さまと出会うことはできない、というものでもあります。「衆生尽き、虚空尽き」て、はじめて生命は救われる、というお大師さまの教えは、追々巻を進んでいくうちに、生命に染み通っていくことでしょう。

自ら修行して覚りに到ることを中心にしていますが、それでは僧侶にはならないで生活している人たちを救うことなど難しい。彼岸に到る乗り物に、自分だけが乗る、小さな乗り物だから「小乗」とされます。南アジアに流布しているので、いまでは「南伝仏教」あるいは「上座仏教」と呼んでいます。

しかし、小乗とは、じつはお釈迦さまの説法を聞いた側の問題であります。お釈迦さまはすべての生命が仏陀となる本性を有していることを顕らかにしておられて、教えを聞く者の心によって小乗・大乗の違いがある、と言われます。自分の覚りだけの世界にいる限り、本当の覚りには到れないと、お大師さまは説くのです。

低きにつく、という言葉がありますが、ほっとできる小さな休憩地を見つけて、「ここでいいや」とばかりに落ち着いてしまってはいけないと、お大師さまは繰り返し説いているのです。

それが人生さ、とあきらめてはいないでしょうか。「楽あれば苦あり」「人生いたるところ山河あり」ということわざのように、良いことがあっても手放しでは喜べないのが、人間というものであります。

喜びがあれば悲しみもある、と人生体験が教えてくれるからでありますが、年齢を重ねるにしたがって、冒険心を失ったり、自分が得たものにしがみついてしまう結果にもなっています。

それは、「小乗」の教えであり、この小さな乗り物に象徴される教えでは、仏さまの世界には永遠に行き着くことはできないと、お大師さまは繰り返し説いています。

★声聞と縁覚とを畏れるように

声聞、縁覚と呼ばれる心の場所は、富士山でいえば五合目か六合目です。

「声聞」は、教えを聞いて覚りの扉を開いた人のことです。

「縁覚」と呼ばれる人のことですが、これは何かの「縁」、きっかけによって覚りの扉を開く人のことです。

私たちは、体験によって得た知識は、脳細胞により深く刻まれます。「見ることは知ること」という英語、「百聞は一見にしかず」という故事、いずれも「体得」に通じる言葉です。「現場に立つ」ことが大事です。人から聞いた話より、その場で見聞きしたことから、はるかに多くの情報を得るものです。

しかし、ただ見るだけでは、間違えるよ、とお大師さまは説きます。見てしまうと、人間はどうしても自分の得た情報にこだわりがちです。「あなたはその場にいないのだから、わからない」と、議論の場で持ち出す人がいます。

ところが、現場にいない人のほうが、はるかに多くの情報を得て、的確な判断を下すことができることが、往々にしてあります。多角的なニュースをテレビで見ている人のほうが、全体像がよくわかるのと、通じることです。現場の感覚はもちろん、とても大事なことですが、それがすべてではない、ということをしっかり胸に刻んで物事を判断しなければなりません。

つるべ井戸と言っても、現代では失われたものですが、アジアやアフリカなどでは、いまだに水を汲む大事なものです。大地を深く掘って、縄を結んだ桶で地下水を汲み上げる原始的な井戸ですね。

短いつるべで水を汲もうとしても、桶は水面まで届きません。そのことに気付かなくて

「おや、井戸が涸れている」と疑う者がいるが、もっとよくみてごらん、とお大師さまは教えているのです。

あるいは、この句に続けてうたいます。

小指をもって海の深さをはかり、指がすべて入ったからといって海の底に届いたと勘違いする。人間は、ついつい自分の尺度だけで物事を判断しがちです。それでは、本当の姿を知ることができないよと、お大師さまは教えているのです。

お大師さまは、声聞と縁覚とを「畏れるように」と教えます。仏さまへの道を断ってしまうものなのだ、と。

「虚空尽き　衆生尽き」たとき、初めて我が身の成仏があると誓願されたお大師さまの思想の神髄がここにあります。

★他の生を生かすために自分をも生かす。それが「自利利他」の教え

山川草木悉皆仏性。生命あるものがことごとく救われるとき、この世に仏さまの世界が実現します。この世が仏さまの世界になるということは、あの世に逝った人たちの生命も

すべて救われることです。

声聞・縁覚が間違うのは、「自分さえよければ」という考えが、そのもとにあるからです。自分だけよくても、誰かがつらいのならば、それは完璧な覚りではありません。仏さまへの道にもっとも必要なことは、共に生きることです。

お大師さまは、「自利利他」の教えを大事にします。自分だけがよければいい、という考えは間違っています。そして、「自利」をも重視します。我が身を捨て他のために尽くすのが、究極の「利」ですが、最初から自分を捨ててしまっては、他の人のために役立つこともできません。他の人を生かすために自分をも生かす。それが「自利利他」の教えなのです。

生命は網の目のように広がっている結び目だと、お大師さまは教えます。一つ一つの結び目に、生命が輝いています。一つが輝けばほかの結び目に反射して輝きが広がります。しかし、どれか一つが傷ついて曇ったり、光を失うと、網の全体に影を落としてしまうのです。網目の一つに傷がついたら、他の結び目もほつれる危険があるのです。それが、生命のネットワークの仕組みなのです。

たとえば瞑想を覚えますと、生命がつながっている実感を覚えます。その網目は、いま生きている空間に広がっているだけではなく、過去にも未来にも広がっているものです。

　他人に与えることによって得る喜びの大きさは、独りぼっちで味わう喜びとは比べものにならないことを、誰もが無意識に知っています。生命はネットワーク、独りぼっちで生きているのではありません。誰かが喜べば、光はまたたくうちに広く伝わります。誰かが悲しめば、それもまた伝播するのです。


　自分だけが東大に合格すればいい、自分の家族だけが楽に暮らせればいい、そんな気持ちでは、ほんとうの幸せは来ないのです。

　縁覚の教えを、受験勉強にたとえると、よくわかっていただけましょう。

　無知な自分を磨くため、一生懸命に効率よく勉強して、わからないところを一つずつ解決していけば、成績は上がります。東大を目指して、願いはかなうでしょう。

　東大を卒業して、エリートサラリーマンになって、そのまま定年を迎えて、自分はエリートになったという満足感だけで生きてしまったら、他人の心の痛みもわからず、他人と歓びを分かち合うこともできず、仏さまからいただいた大きな生命を感じ取ることもなく死んでいくことになります。

東大受験の苦しみを克服し、社会のリーダーとして生きたとしても、そのことに甘んじていたのではいけない、自分が努力して得た能力とあらゆる力を、人々のために使ってこそ、生きたことになるのです。

お釈迦さまは、それまでの宗教とは違って、初めて「慈しみ」を説きました。他者を無条件で救うことが我が身の幸せになるという真理を説いたのです。それが仏教です。

お釈迦さまの時代のお話があります。修行者の一団が美しい森に大樹を見つけて瞑想をはじめました。しかし、彼らは日ごとに生気を失い、恐ろしい声を聞いたり、いやな臭いに悩まされるようになります。

相談を受けたお釈迦さまの観察眼で状況がわかりました。その大樹には鬼神とその家族が宿っていたのですが、修行者たちの瞑想で木を下りられなくなって困っていたのです。瞑想はよいことでも、周囲への配慮を考えないとかえって困難を招く、という教えです。

お釈迦さまは、修行を守るために「慈しみの瞑想法」を授け、その結果、鬼神たちの気持ちが解けて、修行を援けてくれました。慈悲が救いの全てなのです。

★あなたのためにすることが、私の充実

人類が、この地球上に生き残り、繁栄してきた原動力は、他人のために利することができるからだと、これは動物学者が唱えています。相手にのみ利益を与える「利他行動」といいます。社会生活を円滑にしながら生きていく知恵です。

人間以外の動物は、互いの利益になることはできるそうです。ギブ・アンド・テイクの関係「相互援助」です。共生関係にある動物はたくさんいます。植物もそうです。

しかし、人間は相手からの見返りを期待せずに、他人のために尽くすことができるのです。それが、動物と人間との違いだと、この説は言います。

隣の誰かが喜ぶことをしてあげたら、その喜びはきっと大きなネットをめぐって、いっそう大きな喜びに成長して還ってくることを知っているのです。

他人に与えることによって得る喜びの大きさは、独りぼっちで味わう喜びとは比べものにならないことを、誰もが無意識に知っています。その「無意識」を素直に認められるようになると、生命が持つ無限の力、輝きを発揮できるようになります。共に生きることこそ生命が活き活きとできる真理なのです。

あなたのためにすることが、私の充実です。そう思えるとき、あなたは声聞の修行を卒業していることでしょう。それこそが生命の法則、幸せの道へのガイドブックなのです。日々の暮らしが成り立つなら、少しでもより困っている人を助ける心を持ちましょう。楽しみを還元しましょう。歓びを分かち合いましょう。独り静かに暮らすより、いつも誰かと豊かなコミュニケーションできる環境と心を育てましょう。

育った心を「安心」というのです。覚りとは、恐怖と不安が消えることだと、仏さまは教えて下さいます。文字を導きとして、仏さまの身口意のはたらきの助けがあれば、衆生も覚ることができる、と。

いのちが満足する境地を、いま私は他の方たちと分かち合いたいと祈ります。それは、経典の解釈によって達成できるものでもなく、教えの解読によってできるものでもありません。お大師さまが実践をもっとも尊いものだと教えたのは、まさに実行することから、覚りは開けるのだということでした。

私たちは、毎日の暮らしのなかで、ものを考え、感じ、そして行動することによって、いのちを生き切るのです。今日も気持ちのよい日をお互いに過ごしましょう、そんな気持ちを互いに伝えるのが、朝の挨拶です。気持ちを持って、笑顔で言葉を発する、これは立派な三密の行であります。

自分だけの安楽にとどまっていないで、さあ、動いてみましょう。もっと大きな幸せがやってきます！

五章

巻五「抜業因種心」

一切のものごとは因縁によってなることを体得する

★空っぽだった心がついに光に満ちた世界へと到達する成長の道

春夏の高校野球大会は、試合に全身全霊で打ち込む高校生達の熱気に惹かれて、日本中が夢中になりますね。勝っても負けても涙、涙。選手だけではなく、応援席や地元の生徒たちが一丸となって声を張り上げる様子は、護摩行で声をふりしぼって真言を唱える姿と重なります。

祈って、祈って、闘います。その闘いは、じつは相手との試合ではありません。自分自身との闘いです。そこから、さらなる成長があって、少年たちは大人になっていくのです。

勝敗は時の運、と申しますが、しかし練習の成果によるものでもあります。原因があって結果がある。巻五「抜業因種心(ばつごういんじゅしん)」とは、そのような生命のルールについてのお話です。

お大師さまの『十住心論』は、密教を教えているものではありますが、闇の中から、光に触れて殻を破り、周囲への心配りが芽生え、そして生命とは何かという「大人」の世界に入っていくのです。仏さまへの道は、人生の道であり、空っぽだった心がついには光に満ちた世界へと到達する成長の道であります。

巻四から出家の道に入りました。その課程を卒業するためには、聞いただけ、読んだだけでわかったつもりになることへの戒めが必要でありました。

巻五「抜業因種心」は、同じく小乗の教えの範囲ではありますが、縁覚と呼ばれる段階です。読んで字の如く、縁があって覚りにいたるとは、どのようなことかを説いています。

一切の物事は因縁によって現れていることを体得して、己れが持つ根源的な無知を取り除く。そのようにして迷いの世界を払って、ただ独りで、覚りの世界を得る心の状態のことです。

巻四とこの巻五とは、小乗の教えだと、お大師さまは説きます。小乗とは、小さな乗物を意味しています。一人乗り、あるいは「家族用」と少し広げてもよいでしょう。自分や自分の身内しか乗れないような小さな乗物をイメージすると、わかりやすいでしょう。

巻四の「声聞」は、教えを聞いて覚りの扉を開いた人のことです。

巻五では「縁覚」と呼ばれる人のことですが、これは何かの「縁」、きっかけによって覚りの扉を開く人のことです。

いずれも、仏さまの道を歩きはじめて、ある日、「あぁ、これが覚りというものか」と一つの境地を体験した人たちです。

縁覚は声聞より、一段階進んでいます。声聞では「行動」するようにと教えましたが、縁覚では、ただむやみに動けばよいというわけではないと、教えます。

まずは、動きましょう。しかし、ガムシャラに突き進んではなりませんよ、という教えであります。猪突猛進に対する教えであります。時にはとどまり、あるいは引き返す決断も必要なことなのです。

★物事の結果は必ずや自分自身の中にその原因がある

戦後間もない、昭和二十九（一九五四）年九月、青函連絡船の「洞爺丸」が沈没しました。台風による事故で、千数百人が亡くなりました。なぜ、台風が襲ってくるのに出航したのか、本当のところはわかりません。しかし、出航の判断が、大きな事故につながってしまったことも事実であります。

「洞爺丸」は函館から青森に向かいましたが、その一時間後に、青森から函館に向けて出航する予定だった、もう一隻の青函連絡船がありました。「羊蹄丸」です。こちらは、予定を変えて出航を見合わせて、事故もなく無事でした。

当時は青函トンネルもないので、この連絡船だけが本州と北海道をつなぐ輸送路でありました。飛行機は就航していましたが、これも現代とは違って数も少ないものでした。北海道を支える連絡船の欠航は、経済的な影響が大きいので、少しの無理をしても出航するようにという圧力がかかりましたが、「羊蹄丸」の佐藤船長はガンとして動きませんでした。青森はまだ晴れていたのですが、台風の進路がいつもと違うと、船長は天候の悪化を懸念して決断し、難を逃れたのです。この船長の息子さんが、のちに警察庁長官を務める佐藤英彦さんで、「人の評価で動かされるのではなく、己の判断、信念で決せよ」と教えられた思いを抱いて、お父さまを尊敬して生きてきたことを語っています。

もう一つ、これも東北のお話です。明治三十五（一九〇二）年一月、猛吹雪の八甲田山で青森ルートをとった耐寒雪中行軍をしていた弘前歩兵第五連隊の一行が遭難、百九十九人が亡くなりました。

しかし、この時、弘前から出発した歩兵第三十八連隊は、同じように猛吹雪に阻まれながら、三十八人が全員、無事に行程を走破しました。

明暗を分けた理由はいくつか挙げられていますが、指揮官が寒冷地に対するさまざまな工夫を考えて、天候不良とみるや深さ四メートルもの穴を掘ってビバークするなど、無理な前進をせずに、案内人をつけて行軍した慎重な姿勢が成功の鍵だったと伝えられています。

物事の結果は、必ずや自分自身の中にその原因があります。環境や条件のせいにしてはなりません。難しい状況ならば、よりいっそうの情勢判断が必要になるのです。

★人と人のつながりを忘れたり見えなくなってしまうと迷路に入り込む

「縁覚」とは、このような道理を承知して、修行に入る者たちであります。

しかし、縁覚が真実の救いとはならないのはなぜか。

縁覚の者は、お釈迦さまが説いた愛別離苦を解脱するには、煩悩から離れることだと、独りで俗世を離れて行に至り、静かな境地を得る人たちのことであります。

師というものを持たず、独りで行に打ち込み、苦行もして、やがて「神通力」を備えるようになります。

しかし、それが大きな誤りにつながるのだと、お大師さまは厳しく戒めます。

現代社会でも、このような人物は少なくありません。「神通力」ではありませんが、努力精進して成果を得て、成功します。自分は成功したと信じて、その世界に安住します。誰にも邪魔をされたくないと、自分の世界をつくって、そこで静かに暮らします。そのまま、人生の終焉を迎えることになるかもしれません。現代では「隠遁」という言葉は死語のようになりましたが、人との関わりを持たずに生きている人は大勢います。

孤独を苦しいと思うのではなく、これがよいと独りを楽しんで生きている人は、まわりにもいると思います。

結婚すれば、それなりに苦労があります。独身貴族などという言葉が流行ったことがありました。最近は、独身でも生活が楽ではない人が増えたので、「貴族」のような優雅な生活は難しくなっていますが、昨今の少子化の原因の一つである結婚しない若者が増えている背景には、「独りのほうが気楽だ」という考えがあるからです。

苦労したくないと考えるところに、生きもののルールを忘れた「落とし穴」があるのです。人は独りでは生きていけません。いや、生きとし生けるものはすべて、誰かと、何かとつながって生きています。そのつながり、絆を忘れてしまったり、見えなくなってしまうと、迷路に入り込んでしまいます。

その迷路とは、生きる原動力を失うことであります。原動力は慈悲心であります。他の人を思いやる心こそ、人間が生きる力を湧き出す泉なのであります。

密教は、煩悩を捨てよとは教えません。煩悩と向き合い、格闘しながら、煩悩をどのように抱えていくのか。それが、生命の本当のルールだと教えます。

この世に生まれた人間は、物がなければ生きていけません。食べる物、着る物、住む物、そして目に見える物質だけでなく、財産を背景にした財力や権力も身を守る物として、身につけていくのです。すると、生きる目的は、こうした物を得ることだと思い込んでしまうようになります。

しかし、物質的に恵まれても、それだけで心は満たされません。精神的な満足が欲しくなります。家族の絆、友情、忠義など、心と心の結びつきを大切にするようになります。

★苦しみを受け入れる大きな心を育てることが煩悩を超えること

物も心も大切なことであり、人間が生きていくうえでは欠かせないものです。しかし、家族は歳月とともに様相を変えていきますし、友人との結びつきもまた変化していきます。人間関係に傷ついたり、傷つけたりするのは、変化という生命の大原則をわかっていないからだと、私は思うことがよくあります。

この世の成功に力を入れすぎてはいけません。死ぬときは独りで、何も持たずに旅立ちます。「起きて半畳、寝て一畳」といいますが、その空間さえ所有することはできないのが、死への旅立ちです。さればこそ、この世の暮らしに執着を持つ人ほど、死への恐怖は募ります。

生きているときに、この煩悩をどのように抱いていたのか。そこから、死ぬ心構えが生まれてくるのです。今の日本には、どこか生きる心構えが欠落しているように思います。ついこの間までは、必死に勉強してエリートコースに乗れば、一生の安泰を保証されていたようなものでした。

しかし、財務省や外務省をはじめ官僚の世界は揺れています。あるいは生涯を捧げようと考えていた企業は、いつの間にか終身雇用制をやめました。年金が危ない、大地震がやってくるかもしれないと、日本人はいま老後に大きな不安を抱えます。どれほど努力しても、未来が明るくないのです。

そんなときこそ、安心を得るためにどうしたらよいのか。お大師さまの教えが生きてくると思います。

苦しみを受け入れる大きな心を育てることが、煩悩を超えることになります。あれもほしい、これもほしいと、思って下さい。しかし、自分だけの安心を願ってはなりません。縁覚の覚りに安住してはならないのです。隣に助けを必要としている人はいないか、電車のなかで席を替わってあげたい人はいないかと、他の人を思いやる心を持つと、その分、心が広がります。

ひたすら、前に進もうと思わないで、後ろからやってくる人の歩く速度に合わせてみましょう。目的地に独りだけ早く着いて、ポツンと所在なくしていても、得るものはありません。スポーツで、独走したと思っても、それは違います。ゴールにはたくさんの人がいて、記録したり、成績を讃えたりしてくれます。観客の声援が力になっているはずです。そして、真剣にゴールを目指す姿が、多くの人々に生きる力を与えているのです。

★物質ばかりにとらわれている荒れた心を癒すものはお大師さまの教え

私は、いま「教育の再生」を強く願っています。日本社会を再建するのは、教育の力が必要であります。戦後の教育は、まさに縁覚の者を育ててきてしまったのではないでしょうか。

慈悲心のない自分だけの安楽に閉じこもる人間が増えてしまったことが、「無縁社会」などと呼ばれる悲惨な状況を生み出す要因なのだと、思うのです。

ずいぶん前に出版された小さな冊子があります。『荒廃せる現代を救う道』と題したもので、昭和五十二年に発行されました。唐沢富太郎先生といっても、もう知らない人のほうが多いことでしょう。

東京教育大学名誉教授を務めた教育学者、専門は教育史でした。二〇〇四年八月十一日に、九十三歳の高齢で亡くなりました。先生は、じつは仏教と教育との関係を研究していた方で、この小冊子は真言宗から密教教化賞を授与された記念講演を記録したものです。

唐沢先生は「『荒廃せる現代』を、荒廃した現代であるとは感じない世代が発生しているという現状」を訴えました。この頃の日本は、戦後生まれの世代は半数を超えるようになっていました。その人たちは、「荒廃」を「荒廃」だと感じていないと、唐沢先生は大いなる危機感を持ったのでした。

「私などは明治に生まれ、明治の精神と申しますか『勤勉力行』あるいは『精神一到何事かならざらん』というような、精神主義万能の時代に生まれ」と、まずは述べて、戦後の人間像が、「誤った民主主義、履き違えた自由主義を実践してはばからない世代とは相容れないものが極めて多い」と、はっきり言っておられます。それが、荒廃した現代をつくってしまった原因だ、と指摘しています。

責任を考えない自由、義務を果たさない権利の主張が横行する世相に、唐沢先生は大いなる警告を発したのでした。

「現代は全く物質至上主義の時代であり、物質的豊かさがあれば満足であって、精神的豊かさ、心の豊かさというものの価値を非常に低く評価している」と憂えたのでした。

今も変わっていない日本の現状です。戦後生まれは、もはや孫がいます。物質主義どっぷりの親に育てられた子が、またバブル期に成長したままに子育てをしているのです。

唐沢先生は、現代の荒廃を治していくにはお大師さまの教えが重要だと、説きました。曼荼羅に託して、金剛界の意志と、胎蔵界の慈悲心こそ、物質ばかりにとらわれている荒れた心を癒すものだと、言っておられるのです。

★極楽に生きるのは心に仏さまの世界をはっきりと持っている人

学校へ行きたくない。しかし、学校へ行きたい気持ちも片隅にあるはずです。その隅っこに小さくなっている気持ちのことも考えて迷いなさい。お大師さまはそう教えます。

自分が学校へ行って隅っこにいるのが、つらい。そう思うとき、自分の中の「学校へ行きたい気持ち」を、よくよく考えてみると大きな顔をしている「学校へ行きたくない気持ち」と向き合えます。

学校が悪いのか、教師が悪いのか、友達が悪いのか、勉強がいやなのか。さまざまな理由を、「行きたい気持ち」の立場から考えてみるとよいでしょう。それに対して、自分はどんな行動をとっているのだろうか、と鏡を見てみましょう。逃げていませんか。反発していませんか。どこかにある、行きたい気持ちを生かしたいと思ったら、勇気を出して、学校へ行ってみましょう。

独りにならずにすみます。縁覚の「落とし穴」に落ちずにすむのです。

坂の途中で、疲れたからと、そこにあった静かな喫茶店に入って休んでしまえば、坂の上に行き着くことはできません。辛くとも、苦しくとも、進まねばならないときがあるのです。お大師さまは、いつも自分と向き合って、勇気を出して生きていくようにと教えているのです。

繰り返しますが、やみくもに前進するのではありません。自分と周囲をよく見極めながら歩くのです。自己コントロールの大事さが、前に進むコンパスとなります。

安穏な生活も単調だと飽き飽きしてしまえば、地獄の苦しみです。他人から見たら苦労の連続のような人生でも、本人が心底楽しんで生きていれば極楽です。

極楽に生きるのは、心に仏さまの世界をはっきりと持っている人であります。

地獄に生きるのは、心の闇に右往左往して生きている人のことであります。

どのような人生であろうと、我と人とに仏さまを見ることができる人は、御仏の世界の安らぎを知っています。

★自分の中心をしっかり安定させると、ほかは自由に動く

私たちは、真の自由を知っているでしょうか。心のままに生きることができたら、どれほど素晴らしいことでしょう。

ほんとうは、そのように生きることは可能です。心のままに生きられるようになったら仏さまになれたと思ってください。

しかし、自由になるためには、自分自身が強くなければなりません。国民の自由が保障

されている国家は、いずれも一人ひとりの権利と義務とが定められています。自由とは、自分の意志をもって人生を切り開いていく力のある強い者が持つもの、弱い心で行動する自分勝手とは違うのです。

心身を磨いた者は、自在に動き、自在な発想を持つことができます。

剣豪・宮本武蔵は、生涯を武芸の精進に賭けました。乱世の直中を走り抜け、六十回余りの仕合に打ち勝って、七十三歳で亡くなりました。生き抜いて、殺されることがなかった真の強者です。

自在とは、御仏と一体になって、いっそう大きな世界を得ることです。小さな自分にこだわっていたのでは、いつまで経っても自在の境地を得ることはかないませんね。自分を見失ってはなりません。しかし、その自分にこだわってもなりません。

あぁ、密教の教えはなんと難しいのだと思いますか。いいえ、頭で考えるから難しいのです。

中心を取る。自分の中心をしっかりと安定させますと、ほかは自由に動きます。行を精進する僧侶、武道や氣功に熟達する人、洋の東西を問わず舞踊する人、音楽家、演劇人、スポーツ選手などなど、身体の動きと心の表現を一体化させようとする人は、この原理を知っているはずです。

★自分で得たこと体験したことにこだわっていては次の段階に進めない

巻四の、仏門の初心者コースでは、無我を知るようにと教えられました。我という意識を取ってみると、仏さまの道への扉が開かれますよ、という教えでした。

それが、今度は「我を知ること」を教えています。しかし、これは矛盾していることではありません。

自分のことは、案外知らないものです。明るい性格だと思っていたら、他人には「ずいぶん暗いやつだ」と思われていたりします。自己評価を忘れて、心を落ちつけると、思いがけない自分の本当の姿が見えてきます。見たくなかった自分がいます。知りたくなかった自分の心の奥底に気づきます。

小さな乗物で旅をしていると、視野も狭くなります。大きな仏さまの世界を理解することができないよ、と教えておられるのだと思うのです。

旅の途中で、景色のよい場所があったので誰に気兼ねをするわけでもない独り旅だからと、ここに下りて、独りで暮らすようになっても、それは生命が満たされるわけではないから、何度も何度も永遠と思えるほど生まれ変わりながら、生命の旅を続けなければなりません。

しかし、そのような小乗の旅でも、仏さまはかつてご縁を結んだ者であれば忘れずに、大乗に乗り換える機会をつくって下さるよ、といいます。

自然の中を、独りで気楽なバイクの旅をしているうちに、年をとってきます。つかれたなぁ、と思ったら、道路に平行して走っていた列車が止まってくれた。「さぁ、乗りなさい」と、仏さまが手を差し伸べてくれることに気づくように、と教えています。

独りで覚ってはならない。お大師さまは巻五で、強く説きます。

何のために教えに耳を傾け、苦しい修行をするというのでしょうか。

自分が覚りの境地に到りたいから、というのでは単に、覚りに「執着」して、かえって道から遠ざかってしまうのです。執着、それが落とし穴だ、というわけです。

声聞と縁覚の教えは、闇に迷う生命にとっては、救いとなるはずのものです。声聞とは、尊い教えによく耳を傾けなさい、他人の意見を聞き分けましょう、という教えでもあります。さらに、次は他人の意見だけで行動を決めるのではなく、自分で体験してみよう、というのが縁覚の教えでしょう。

しかし、自分で得たもの、体験したことにこだわっていたのでは、次の段階に進めない、というのがお大師さまの教えです。

自分が知った方法だけが正しいと思い込んで、他人に押しつけたり、他人から批判されると傷ついたプライドに惑わされて、批判の内容を考えることができなかったり、何かを覚えてくると、自分の覚えた方法、信じたものにとらわれてしまいがちな私たち人間の習性をよくわかっているのですね。執着とは、それほどにやっかいなものである、という教えでもあります。独り静かに暮らすより、いつも誰かと豊かなコミュニケーションができる環境と心を育てましょう。

どれほど教えがわかったつもりでも、修法を会得したつもりでも、自分だけの世界に安住した自己満足に陥ってしまっては、ただの「つもり」人生にすぎない、と心と身と魂でわかって初めて、仏さまの世界を知ることができるのです。

★独りよがりで悟ったと思い込んでいる孤独な生命を救う真言

お釈迦さまが覚りにいたるまで、きびしい苦行を重ねたエピソードは前にもお話しましたが、ここのところを伝える教えです。

ヒマラヤの小国の王子だったお釈迦さまは何不自由ない生活を捨てて心の安らぎの道を求めるのですが、はじめはバラモンの修行に覚りを求めました。

苦行を続けても、どうしても覚りの境地に到達できない。ヨガ、断食、六年間も苦行を続けているというのに、一筋の光も見えません。

ふと、若い頃に瞑想したときの至福感を思い出しました。その一瞬にも近づけないのはどういうことであろうかと、お釈迦さまは原点に帰りました。身を清めて乳粥をいただき、ついに覚りを得ます。

しかし、しばらくお釈迦さまは誰にも、その覚りについて説こうとはしませんでしたが、仏さまの教えに導かれて、説教をはじめます。覚りを開かれたときは仏さまの世界に入られたとき、説法をはじめ人々を救済されたときから、お釈迦さまは仏さまの世界の方になられたのだと、私は思っています。

救いの形は、人それぞれに違います。時に、小さな戒律より大きな救いを優先させることもあります。その「無碍」、こだわりの無い精神こそが、仏さまの心です。

自由であることと、戒律を持たないこととは違います。心に任せて放逸に流れては、仏さまの世界にたどりつけません。心を磨いて仏さまのメッセージを受け止めることができるとき、はじめて「無碍」の境地に至るのだと、私は精進を重ねています。

巻五はいわば苦行や形式を目的にして重視してしまった一部の仏教の批判でもある、と私は考えます。

それは間違いだ、とした上で、お大師さまは声聞・縁覚の「迷路」に入り込んでしまった人々も救います。

この真言を唱えれば、すべてを包みこむ平等の世界である御仏の曼陀羅に入ることができる、と巻五を結んでおられるのです。

「ノウマクサンマンダ　ボダナンバク」

これは『大日経』に説かれる縁覚の真言であります。

この真言を唱えれば、胎蔵曼荼羅の世界に包まれる。この一節を唱えるとき、私はいつも熱い思いが胸にこみ上げてきます。独りよがりで、悟ったと思い込んでいる孤独な生命を救うのは、まさに母の慈悲に包まれることだと、お大師さまが教えておられるからです。

★コミュニケーションは「生命の呼吸」

家族という小さな社会も、国家や世界という大きな社会も、独りだけの考えで動くことはありません。嫌なことがあったからと、そこを避けて独りで閉じこもってしまっては、いつまでも同じことの繰り返しです。

この声聞・縁覚の教えの深いところを考えていくと、現代日本の大きな問題となっている「ひきこもり」の人たちを救う教えにもなるのだと私は気づきました。独りだけの「覚りの世界」とは、心を閉ざした者、ひきこもってしまった心にも通じるものだ、と。

人と人とが関わり、言葉を交わし、愛情を表現し、時に傷つけながらも手を携えて生きていく。そこには、人と人とが交わす呼吸があります。

生きていくための、もっとも基本的な動作は呼吸です。自分の身体だけに大気を取り入れて吐いていたのでは、同じ空気ばかり。古い空気を吐き出して別の空気を吸うことです。勇気をもって、人が行き交う道に出て、外気を吸う。それが生命の旅です。

コミュニケーションは「生命の呼吸」なのだと、お大師さまは説いているのです。

このように、巻五を読んでいきますと、現代の日本の閉塞感は、まさに呼吸ができていない状態だと気づきました。とりわけ、政治の行き詰まり状態をどう打破すればよいのでしょうか。皆、それぞれの立場に「こもって」いるのではないかと思われます。身を捨てて、どのような道が国民の幸福のために必要なのかを、真剣に考えてほしいと思います。

人は生まれたときには、オギャーと息を吐いて、この世の旅を始めます。肺を空にしてこの世の空気を吸い込むのです。吐いて吸って、一瞬ごとに死んで生きて、大きくなっていくのです。他の人と同じ空気を吸い合い、交わって生きていくのです。

何年か前に、アフリカのエチオピアで、三百五十万年前の人類の化石が発見されました。足でも物を掴むことができる、つまりは木の上で生活していたと思われる新しい種だということです。私たちの直接の祖先とは違うもので、違う種の人類が、同じ時期に共存していたのではないかと推測することができる発見です。

いま生きている人類は一つの種ですが、かつてはいくつもの種類の人類がいました。他の人類がどのように滅びていったのか。最近では、戦って滅ぼしただけではなく、同化して、現代人が創られたのではないかという説もあるそうです。

気が遠くなりそうな超古代の話ではありますが、戦って、戦って、淘汰されて、今日に到ったわけではないかもしれないと思うだけで、気持ちがずいぶん安らぎます。

なぜなら、たくさんの人が持っていた生きる叡智が、私たちの中に生き続けていると思えるからであります。さまざまなものが自由に共存できる世界こそ、生命のルールが生かされる仏さまの世界であります。いたずらに不信感をつのらせて、争いの種を育ててはなりません。

「みんなちがって、みんないい」と、金子みすゞの詩にありますが、その心を人類の全てが持つようになってほしいと、私は祈り続けるのです。

★信じて信じて信じて、道は開ける

世界を孤立から解放することが、世界平和の基礎であります。昭和の日本が、なぜ戦争に突入してしまったのか。振り返ってみれば、よくわかります。軍部は、自分たちの世界に安住し、それが一番の存在だと奢りました。日本は、世界と手を繋ぐ道ではなく、孤立する道をひた走っていたのでした。

その象徴は、昭和八（一九三三）年の国際連盟脱退でありました。日本はそこに追い込まれたという国際情勢もありましたが、孤立は最悪の選択だと理解していれば、このような選択はなかったことでしょう。あの時代の指導者たちが、お大師さまの教えを知っていたら、「声聞、縁覚」の世界にとどまってしまうことはなかったと思います。

私が、なぜ北朝鮮との絆を結ぼうとしているのか。お大師さまの教えによるものであります。「怨親平等」の教えが大きな柱ではありますが、根底には「孤立化」を戒めるお大師さまの教えがあるからです。

外交ルールも大事ですが、こだわりすぎてはなりません。そこに真実の「生命のルール」があれば、必ず道が開けると信じているのです。

北朝鮮を世界から孤立させて、ブラックホールの闇を造ってはなりません。どのような小さな光でも、届けて、大きく育てていかねばならないと信じているのです。

信じて、信じて、信じて、道は開けます。信じること。それが仏さまへの道の第一歩です。仏さまへの道とは、どんなものなのでしょうか。それは「安心」への道だと、私は説きます。「全幅の信頼」という言葉がありますが、仏さまを信じて生きていけるようになれば、不安はなくなります。言葉で言うのは易いことですが、不安がなくなるほどに信じることができるようになるために、私たちは行を重ね、真言を唱えるのです。頭で、こうか、ああかと考えている間は、信じきることはできません。信じることはゆだねることですから。

しかし、中途半端な気持ちで信じることは、かえって間違えるもとにもなります。信じることは、甘えることではありません。ゆだねることは、自らの努力を放棄することでもありません。おもねることでもないのです。そんな信じ方は、思い通りにならないときに、文句を言ったりグチったりすることになります。あるいは、偽物に騙されて、とんでもない目にあうことにもなりかねません。「無私」とは、自分を見失うことではないと、よくよく胸に刻んでほしいのです。

そんな信じ方を「妄信」と言います。

自らの精進は怠らず、しかし、疑ったり試したりといった心の隙間があるうちは、本当に信じることになりません。

「天は自ら助けるものを助く」と、昔の人は言いました。その通り、自らの足で前へ進もうとする人を助けるのです。本当に仏さまを信じきるまでに私たちは精進を重ねたとき、初めて道が開けます。

お大師さまが実践を尊び、行を大切にするようにと教えたのは、本当に仏さまを信じられるようになるまで、心を満たしなさいということでした。そうすれば、ゆるぎない安心にたどり着くことができると、お大師さまは教えたのでした。

六章

巻六「他縁大乗心」

すべての生命に愛の心を起こすことで大いなる慈悲が生じる

★他人を思いやる心、いたわる心を育てる

日本はいま、「第三の敗戦」と言われています。バブル崩壊から立ち直らない経済、混迷する政治、大震災と原発事故からの復興再生ははかどりません。不況、失業、年金、病気、介護などなどが国民の未来に立ちはだかっているのです。

世の中が厳しく、生きにくくなってきますと、他人のことなどかまっていられないという風潮が広がります。そして困ったことに、弱い者を狙う犯罪が増えてきます。

「振り込め詐欺」などは、その典型でありましょう。息子や甥などになりすまして、お年寄りに電話をかけ、たとえば交通事故を起こして示談金が急に必要になった、などと言ってカネを騙し取ります。最近はさらに手口が巧妙化して、被害者も後を絶たないようです。

そのような不条理を、なんとか跳ねのけて、気分よく日々を平穏に過ごせる社会を取り戻したいと、私は考え、念じ、動いて説いて、できるだけのことをしながら、祈っています。

私は祈りによって人々を救いたいと誓願している行者でありますから、まずは祈って、

祈って、祈ることが全活動の原点であります。

それぞれの人たちが、それぞれの生きる原点に立って、一生懸命に生きることが、まずは再生の始まりになります。

福島原発爆発によって、家族が別々に暮らさなければならない人たちがたくさんいます。週末に妻や子に会いに行くお父さんが、バスの中で言っていました。「家族に会うと、元気が出ます」と。

お母さんも、子供たちも、お祖父さんやお祖母さんも、みんな家族の顔を見て安心して、元気が出てくるのです。

「さあ、みんなのために、今日もがんばるぞ！」と、毎日のことをおろそかにしないで生きることが、よりよい明日をつくります。

他人を思いやる心、いたわる心を育てることが、日本をもう一度活力ある社会にする道だと、私は考えます。

★階段をなかなか登れない人がいるとき、待ってあげますか

この巻六から、いよいよ、真言密教もその流れに入っている大乗仏教の教えに入りま

す。大乗仏教の入門編でありますが、お大師さまはここから、一切の生命に対して、計らいのない愛の心をおこすことによって、大いなる慈悲がはじめて生じるのだよ、と教えておいでなのです。

大乗仏教の「大乗」とは、この気持を表している言葉であります。自分だけのことを考えているより、家族や恋人や友人、もっと広げていけば会社や社会がよりよくなることを願って、日々を過ごすほうが、力が湧いてきます。

日本人は集団行動が得意です。野球やサッカーなどチームワークを必要とするスポーツで、そのことがよく表れています。

プロ野球で二千本安打を記録した、元日本ハムの稲葉篤紀さんが言っていました。「記録よりも、監督を胴上げすることを願ってプレーしていきたい」と。自分の記録より優勝を目指したいという気持ちです。

アメリカ大リーグに移籍したダルビッシュ投手は、大変な活躍のようですが、アメリカに行く理由の一つとして、日本の選手が低く見られているのを跳ね返したいと言っていました。契約金が高いとか、アメリカの野球の方が上手いなどとは言いません。日本の野球のためにという心意気に、ファンならずとも多くの日本人が拍手を送りました。

水泳は個人競技ではありますが、リレーや団体戦の強さは言うまでもありません。オリンピックで注目される日本人の特筆すべき精神だと、私は頼もしく見守っています。

さて、お大師さまの『十住心論』の第六巻では「他縁大乗心（たえんだいじょうしん）」という心のありようを説いています。

闇のなかから小さな灯火を見つけて階段を登りはじめた旅人が、いつの間にか半分より上まできています。晴天の日は、何を見ても嬉しい気持ちで進めますが、雨の日や暑さ寒さの厳しい日は、大変です。

ようやく、階段を登るコツも覚えて、スムーズにトントンと上を目指せるようになってきました。ちょっと得意な気分です。

しかし、階段の下には、なかなか上に登れない人も大勢います。足が弱かったり、病気だったり、気持がふさいで力が出ない人がたくさんいるのです。

どうしましょう。待ってあげますか？　一人でサッサと先に進んでしまいますか？　それでは、もっと上には行けないのだと、お大師さまは諭します。

一人で階段を登って高いところに立ったとき、突風が吹いてきたら、どうしますか。地震が襲うかもしれません。なにより、独り旅の寂しさは、生きている喜びをかき消してしまうものであります。

スカイツリー、私はまだ登っていませんが、誰もいない展望台に独り立って、一昼夜を過ごしたら、どんな気持ちがするでしょうか。

躍るような喜びを感じられましょうか。生きる力が湧いてくる泉は、浮き立つような喜びによって見つけられるものであります。

★自分だけ極楽に行こうとしても、仏の世界には入れない

芥川龍之介の有名な小説『蜘蛛の糸』が描いたのは、この真理でありました。地獄で苦しんでいた一人の男に、観音さまが救いの糸を垂らしてくださいます。その糸は、まるで蜘蛛の糸のように細く、切れそうですが、男は必死に登りはじめます。下を見ると、地獄がはるか遠くになってきました。見えたのは、それだけではありません。男の下から糸にすがって登ってくる人たちが大勢いるではありませんか。こんなにたくさんの人が糸にぶらさがったら、切れてしまう！

恐怖で男は叫びました。これは、俺の糸だ！

みんなついてくるな！

小説とは言葉が少し違うかもしれませんが、これはもともとは仏教の説話です。ともかく、男が叫んだ瞬間、糸は切れました。それも、男のすぐ上で。男は地獄にまっ逆さまに堕ちてしまったのでした。

男が、自分も後に続く人たちも救ってほしいと観音さまに願ったら、きっとみなみな極楽に到達したであろうと思います。仏さまの世界で暮らすには、他の人のことを思いやる心が必要だと、この寓話は教えているのであります。

より多くの人を救うために、一人を犠牲にすることは、古来さまざまな状況でありました。生命は、一つも多数も同じ重みを持つ大切なものであります。他を救うために一つを犠牲にしてよいわけがありません。

しかし、時にそのような苛酷な状況が生じてしまうことがありました。決してあってはならないことであるからこそ、そのとき犠牲になった方の心は、いっそう尊く扱われるのであります。

たとえば、登山の途中でザイルが切れかけて、一人が宙吊りになり、もう一人を助けるために、自らザイルを切って墜落したという話があります。

「蜘蛛の糸」の男は、自分だけ極楽へ行こうとして、ほかの人たちを排除しようとしました。自らザイルを切って仲間を助けた登山家とは、まったく逆の心です。

「蜘蛛の糸」の男の心を持ったままでは、仏さまの世界には入れません。苦しみの世界から抜け出すことはできないのだと、仏さまは教えているのです。他人を救う心が、仏さまに成れる心であります。

巻六の「他縁大乗心」はまさに、この利己への戒め、利他の教えであります。

★お大師さまが説く「自利利他」の教え

「自執の塵を洗ひ、四量四摂、他利の行を斉(ととの)ふ」

自分への執着、これは心の塵でありますから、よく洗って清め、さらに「四量四摂」によって、他人の利益となることを行いましょうと、お大師さまは言っておられます。

まずは、お大師さまが説く、「自利利他」の教えを、ぜひ実践していただきたいと思います。自利とは、自分の欲望の実現をはかること。利他とは、他の者のためになるよう為すことであります。

利他を突き詰めていけば、自分が無くなってしまう。そう思うかもしれませんが、そうではありません。自分が他のなかで生かされることは自利であり、自分が他を存分に生かすことは自利なのです。

自分という存在がなければ、他人を生かすことはできません。生きることは、他者と関係することなのです。自分を磨いて、他者を生かすことができるようになれば、じつは自分も生かされていることに気づくのです。

自分がしっかりするために利することが、「自利」だと、私は信じています。

現在、日本では福祉関係に働く人が足りません。ほかの職種は求人が減っているのですが、介護施設などは、まだまだ人材が足りないのです。政府は、このアンバランスを解消するために、もっと、もっと力を注いでほしいと思っています。

この分野で働く人たちの待遇をよりよくすることです。それだけでなく、この仕事を喜んで働いてもらうには、どのように工夫すればよいのかという、心の問題にも光を当てて欲しいと思っています。

お世話することは、本来は喜びがあるはずです。しかし、時に重労働や精神的なストレスをためた介護従事者が、お年寄りを虐待するケースがあったりします。医者に「医の心」が必要なように、介護者に「介護の心」をもっと育てたいと思うのです。

私たちは、生きとし生ける一切の縁のなかで生き、生かされているのだということは、地球という一つの運命共同体のなかで、私たち個人の存在を考えますと、よくよくわかることなのであります。

国境という人間が敷いた線など、大自然の前には無力です。中国はいま経済成長のただ中で、二酸化炭素の排出が問題になっています。黄砂が風に乗って日本の空を覆います。北九州から近畿地方にかけては、洗濯物を戸外に干しておけない日があるほどだそうです。

巨大津波で流されたサッカーボールが、一年以上経って、アラスカの島に流れ着いたという話もありました。

地球という星に乗り合わせている私たちは、みな共に生きていることを、もっと自覚したいと願っています。一人だけで、一つの国だけで生きているのではないことを、そして、その全てを乗せる、大きな大きな船で、私たちは一緒に幸せへの航海を続けているのだと、思いながら生きてほしいのです。

自分さえよければ、という発想が、なぜいけないのか。いいえ、自分さえよければ、という発想こそが、自分にとっては最悪の選択なのだということを、私たちは自覚しはじめているのだと思います。

天国とか地獄とかというものも、自らの心がつくり出したものだということを知らないでいる。どうして心の迷いを取り除くことを知ることができようか。お大師さまは、そう教えます。

心の持ちようで、大切なものを見つけることもできますし、見失うこともあることを、知ってほしいのです。

★よいと思うことも執着すれば心を曇らせる

愛情とは、ほんとうにさまざまな形を表します。しかし、その愛情のなかに執着の芽がひそんでいることを、お大師さまは指摘しておられます。

夫婦の愛情、親子の愛情、友情、すべては相手のことを深く思いやる気持ちでありますが、また相手を強く求める心でもあります。この強く求める心に執着がすぎますと、愛情から慈悲が消えていってしまいます。利己の心が利他の行いを失わせてしまうのです。そうすると、どうなりましょうか。求めて求めて、得られない。相手に不満ばかりを持つようになってしまうのであります。

そうではない、利他は結局めぐりめぐって我が身をも生かす縁なのだから、自分にこだわっていたのでは、大きな縁が生まれない、自分のわずかな点だけにしがみついて、結局はやせ細っていくばかりなのだ、と言っておられるのであります。

「自執」とは、その字のごとく自分への執着であります。「自利」とは似て非なるものなのです。執着することが、心にホコリをためるものです。よいと思うことも、執着すればホコリとなって、心を曇らせます。子供のためにと夢中になって、いつしか執着心ばかりがふくらんで、本当の心が見えなくなっている母親の姿は、どこにでも見られます。

生命を育てる、子供を健やかに育てるにはどうしたらよいかを学んで、子供の心に寄り添える母親になるのは「自利」であります。

自分のしたいことを我慢して、そのストレスをためたまま、子育てをしようとすれば、かえって「自執」が大きくなってしまいます。

お釈迦さまは、生きるとは何かを追究して、苦行を始めました。が、なぜ、苦行者の森を出たのか、私はその答えが「自執」にあると思います。

古代インドには、太古から続いた教えがありました。バラモン教として知られているものです。その一つの流れに、肉体をとことん苦しめて、超能力を得ようとする人たちの群れがあったのです。いまでも、インドの奥地には、このような苦行者たちがいると聞いたことがあります。

「私ほど苦行を重ねた者はいないだろう」と、自らが述懐しているように、お釈迦さまはすさまじい苦行を何年も続けました。その頃のお釈迦さまの姿を想像して創られた仏像は、まるで骸骨の標本のように骨と皮ばかりになっています。しかし、お釈迦さまは「答え」が得られません。

お釈迦さまは森の中に入って、苦行者たちとともに修行をしていましたが、とうとう、群れを離れて里に出て、川に入って身を清めました。

私は苦しい修行をしているのだという「こだわり」が、覚りへの道をはばんでいるとわかったのだと思います。私も、「護摩行をしているぞ」と、意気込んでいた頃は、行が終わると解放感で遊びに出かけたりして、母に「お前の行はつながっていない」と怒られたものです。

行は苦しいものです。その苦しさを、そのまま受け容れるところから、仏さまとの交歓を得ることができるのだと、いまは思っています。

★「邪気をなくし、仏の前で完璧に純心になることだ」

お釈迦さまが沐浴している姿を見ていた村の娘スジャータが、お釈迦さまに一杯の乳粥を差し上げました。喜んでいただいたお釈迦さまは、一挙に気力がみなぎって、菩提樹の下で瞑想に入り、ついに生命の真実を悟ったのです。慈悲を感じ取ったのです。

そして、生命とは、この世に現れている形だけではない、生きとし生けるものはみなつながって存在しているのだと、お釈迦さまは全身全霊で理解したのでした。

苦を苦とせずに、生きていく。その生き方を導いて下さったのが、お大師さまでした。苦しんでいる人を救うための行は、生死を超えた本当の生命を感じ取るためのものです。

「邪気をなくし、仏さんの前で完璧に純心になることだ。邪気とは煩悩のこと。それをきれいさっぱり捨てて、この上なく素直になる。それによって、受信機が清浄になり、何でもキャッチできるようになる」

確かに、母を観ていると、自分のそうした能力を、欲や虚名のために使ったことは一度もありません。口癖だった「皆の幸せのために」だけ、自分の受信機をオンにしたのでした。いま、こうして母のことを思い出すのは、あの世にいる母が、なお私に教えてくれているのだと、私は合掌します。

母は、見えない世界を観ている人でした。地球の裏側から電話で相談を受けても、まるで現地にいるように明確に答えていました。もともと霊感が強い人ですが、無心で続ける行によって、心のアンテナが磨かれていたのでしょう。

霊的な世界は、目に見えない領域です。私は長い間の体験から、この世の中は見えない世界の方がほとんどで、じつは目に見えている現実の世界は氷山の一角といいましょうか、おそらく二割くらいだと考えています。見えない領域とどう向き合って生きていったらいいのか、そこに仏さまの教えがあるのだと、信じています。

いま、多くの人材が求められている看護や介護は、たんに技術だけ磨けばよいという分野ではありません。技術を支える精神の豊かさ、強靭さがあって、初めて成立つものだと思います。

心を通わせるケアができて、初めて技術や理論が生きるのです。その心を養い、磨くために、お大師さまの教えを知って、役立ててほしいと願っているのです。介護に従事する人たちに、心のゆとりを持ってもらう職場作り、こころ作りが大切だと思うのです。

★菩薩の心となる「四量四摂の行」

お大師さまが、巻六で説く「四量四摂の行」とは、どんなことをいうのでしょうか。

「四量」とは、慈、悲、喜、捨の四無量心であります。

慈とは、衆生に楽を与えるもの。

悲とは、衆生の苦をとりのぞくもの。

喜とは、他人が楽をえるのを喜ぶもの。

捨とは、他人に対して全く平等である心。

「四摂」とは、菩薩が一切衆生を救済する、次の四つの行いであります

財や真理を与える布施。

親愛の言葉をかける愛語。

衆生を種々に利益する利行。

衆生と同じ姿で、ともに事業をなす同事。

いかがでしょうか。この一つでも行っておりますとき、私たちの心は菩薩の心となっているのであります。それが、「ここに大士の法あり。樹(た)てて他縁乗と号す」と、お大師さまがこの巻を書き起こされる、他縁大乗心の教えなのであります。

慈悲喜捨。大震災が起きましたとき、私たちは被災者の苦しみを、我がことのように胸を痛め、日本中の方が何らかの支援をされたと思います。自分の肉親でなかろうと、友だちでなかろうと、辛い思いをしている人すべての苦しみに思いをいたした、それがまさに「大乗」の心であります。

「菩薩の行願は
　大悲をもって本(もと)とす
　慈はよく楽をあたえ
　悲はよく苦をぬく」

お大師さまは、このように説きます。

★楽を与えて苦を取り除くのが御仏の救済

『子連れ狼』の原作者として名高い、作家の小池一夫さんに「究極の救いとはなんでしょうか」と聞かれたことがあります。

私は「無畏施でしょう」と答えました。人が心底で欲しいのは「安心」です。仏さまを信じるのは、安心したい、恐怖や不安から逃れたいという気持ちです。これを無くすことが御仏の救済である。その心は慈悲、楽を与えて苦を取り除くことに尽きるのです。

楽を与えるのが先で、苦を抜くのは後になるところに、御仏の智慧があると、私は思っています。楽になれば心身の緊張が解ける。苦は楽に抜けるようになるのです。

緊張を解くということは、大きくなることです。縮こまって考えない。狭く考えない。心を大きく持って、大きく動くことが、苦を抜く第一歩であり、希望と幸せの鍵です。

人の付き合いも、国と国との付き合いも同じことだと、私は考えています。苦を抜くには、まず楽な関係を作ってからのほうが、スムーズにいくのではないかと、思っているのです。

生きることは、安心の世界を求めて旅をしていることです。つかの間の安堵ではない、揺るぎのない安心の境地こそ、私たちが願っているものです。

慈悲の心とは、共に楽しむ心ではないか、と私は思います。悲しみを共にする心とは、じつは喜びを共にする心です。誰もが、心に喜びを持ってほしい。それが慈悲の心であります。悲しみを知るから、喜びへと手を差し伸べることができるのであります。

共に楽しむ心を育てるのは、総合力だと思います。天才教育などと言いますが、才能の土台を作るのは、総合力であります。土台がしっかりバランスがとれていれば、その上に立つ建物は揺らぎません。

それは、お大師さまの生命の哲学でもありました。それは、お大師さまが開かれた学校、綜藝種智院の理念に、よく表れております。この学校は、日本で初めて庶民に門戸を開いた私学でした。この学校は総合教育を目指していました。お大師さまは、人びとを救済するために、儒教と道教と仏教とを兼ねて学ぶことができる学校を建てたいと、かねがね思っていました。その願いがかないまして、京の環境のよいところに屋敷を寄贈されて、綜藝種智院を開きました。

★いちばん大切なことは「慈悲の心」

あらゆる学芸や芸術を学び、身につけることによって、知力や感性の領域が広がります。人を思いやる心は、豊かな想像力から生まれます。大きく育った精神が、慈悲を知る心の源になるのです。

ご縁のある生命すべて、楽でありますように、苦が除かれますように、楽しみをともに喜び、どんなときにも優越感や奢り、あるいはへりくだりの気持ちを持たずに、他の生命と接することができますようにと、いつも願っている気持ち、それが祈りの心であります。

慈悲喜捨と言っても、なかなかできることではありません。しかし、できないからといって、思わないのでは、これは無いに等しいのであります。

心のはたらきとは、その祈りの心を持ち続けることでありましょう。

布施、愛語、利行、同事。これもまた、言うことはたやすく、行うことはむずかしいものでありますが、しかし、どんなささやかなことでも実践していきますと、昨日は一つのことを実行することに大変な決意がいったものを、今日はもう一つできる、という具合に知らず知らず積み重なっていくものであります。その積み重ねが、深層心理に刻まれて、私たちの生命の旅を導いてくれるのです。

いちばん大切なことは「慈悲の心」、生活を離れ、自分の苦しみは取り去っても、他人の悲しみから逃げていては、どれほど心が安定しようとも、ただそれだけのことだ、とお大師さまはハッキリ申されます。

現代に何が欠けているのかと申せば、「慈悲の心」であります。

「正義にあわれみが混ぜられるならば、地上の権力も神のように美しくなる」と言いましたのは、シェークスピアの有名な『ヴェニスの商人』ポーシャの言葉でありました。

あるいは、これはキリスト教の神学者トマス・アクィナスの言葉であります。

「慈悲のない正義は残酷であり、正義のない慈悲は乱脈である」と。

西洋ではギリシャの昔から、「正義」ということを非常に重要視してきました。何が正義であるのかと申しますとき、私は「正義は夕べの星も暁の星もこれほどまでには賞賛に値しない徳である」というアリストテレスの言葉を思い浮かべます。

★共に生きることこそ生命が活き活きとできる真理

さまざまな説がありましょうが、正義とは平等であり、公正なことだ、というように考えてよろしいのではないでしょうか。

しかし、人間には利己心がありまして、なかなか公正になれません。自分のものを他人に分かち合うことができるかどうか、これができますれば「徳」なのですが、どうしても不公正になってしまいます。

そのとき、不公正を責めます。追い詰めます。あるいは裁きます。しかし、その裁きに「慈悲の心」がなければ、これはただの「残酷」でしかないというのであります。

密教の教えは、まさに慈悲ある正義であります。正義とは、生命の教えに従った法なのだ、と私は理解しております。

人はしばしば、正義の名のもとで争いを起こします。争いは、負けた者に悲しみや苦しみをもたらします。いや、勝った方にも、苦しみが残ります。「怨親平等」の教えがあるのは、戦いがもたらす傷の深さが、見えない霊として残るからであります。

どんな食べ物も味が一つだけではおいしくないし、どんな音楽もたった一つの音だけではすぐれた音色は出せない、とお大師さまは教えて下さるのです。

社会のルールを守って生きる。自然のなかで生きる。しかし、何か足りないのです。それは「慈悲心」です。相手を受け入れ、許し、愛を注ぐ仏さまの心があって、はじめて倫理は生きるのです。

他人に与えることによって得る喜びの大きさは、独りぼっちで味わう喜びとは比べ物にならないことを、誰もが無意識に知っています。その「無意識」を素直に認められるようになると、生命が持つ無限の力、輝きを発揮できるようになります。共に生きることこそ生命が活き活きとできる真理なのです。

「思いは見えないけれど、思いやりは見える」という詩が、大震災が起きてからのテレビコマーシャルで頻繁に流されました。金子みすゞの「こだま」という詩とともに、すっかり有名になりました。その金子みすゞの詩に、「昼のお星は見えないけれど、あるんだよ」というものもあります。金子みすゞさんは、大正時代に若くして亡くなった詩人でしたが、最近になって詩が知られるようになって、とても人気があります。それだけ、現代の日本人が、「見えないもの」へ思いを馳せているのかと、思っています。

★心のはたらきによって、生命の行方が決まる

戦後の高度成長時代に見失ったものは、みな「目に見えないもの」でした。共同体もその一つです。絆は目に見えません。

このところ、葬式のありようが問われていますが、葬式とは本来は共同体によって営まれていたものでした。死者を送るのは、生きてきた仲間の人生の大事な行事でした。「村八分」という共同体の「罰」がありました。ルール違反をした村人を、さまざまな行事や情報から締め出す措置ですが、残された二分が、結婚式と葬式でした。それほど、葬式は重要なものだったのです。共に生きてきたからこそ、あの世への旅立ちを送る心があったのです。

しかし、隣近所という絆が失われた都会では、葬式を出す共同体そのものが崩壊しています。同じマンションに暮らしていても、隣に住む人の顔も名前も知らないのは、当たり前のことになってしまったのです。目には見えないけれど、共同体というつながりは、気づかないうちに消えていたのでした。

そのことを、もう一度教えてくれたのが、大震災でした。被災地の人たちは、長い間の地域の絆を大切に生きてきていたのです。目に見えないものですが、それがないと生きる力が湧いてこないという人がたくさんいました。避難所生活でも、仮設住宅に移っても、なんとか絆を持ち続けようと、さまざまな取り組みをしていると聞いています。

阪神大震災のときは、こうした地域のつながりには、あまり配慮せずに仮設住宅の割り振りなどをしたようですが、その結果、高齢者たちは元気を失ってしまったと聞きます。

この巻六で、お大師さまは、すべての物は幻影だと観ることによって、心のはたらきをよく見るようになりなさいと教えます。

心は見えません。霊性も見えない存在です。見えないからといってなおざりにしてはならない存在です。生命は見える肉体と見えない存在とによって成り立っているのです。

仏さまは、見えるものではありません。私たちの身体は、この眼で見て確かめることができます。しかし、この身体を動かしているものが何なのでしょうか。脳が司令しているわけですが、その脳を動かす意識とは何なのか。心のはたらきと、身体とが密接に関連していることは、わかっています。

しかし、心はいったいどこにあるのでしょうか。眼には見えない「心」というものを見つめてみよう、私たちが知らない領域に、生命を解く鍵があるのではないでしょうか。

この世のあらゆる現象はすべて幻影と観ることによって、迷いの雲をまずは払っていくことを教えて下さるのです。ただただ、心のはたらきこそが実在の証明である、というのが、この他縁大乗心の教えなのであります。

心のはたらきによって、じつは私たちの生命の行方が決まります。

ものごとには、暗い面と明るい面とがあります。あたかも天国と地獄とが見えるように同じことに出会っても、これを天国と感じる人、地獄とおそれおののいてしまう人とではその後の人生は大きく違います。

そこに、「背暗向明」の教えがあるのです。

衆生、つまりまだ仏さまの教えに触れていない人々は、この世にあって、じつは闇の中を彷徨（さまよ）っているのだと、お大師さまは説きます。その闇に背を向けて、本当の生命の故郷である「明」の世界に向かいなさいと道を示して下さるのが、「背暗向明」の教えであります。

手を取り合って、光に向かって歩いていこうではありませんか。どんな闇にも、必ず光が差し込む朝が来るのですから。

巻七「覚心不生心」

この世のあらゆるものは幻であることを知る

★ここは、生命の本当の世界ではないのだよ

政治の混迷と言い続けて、何年も経ってしまったような感があります。それほどに、日本の政治は迷走がとまりません。

二十一世紀が始まった二〇〇一年の二月まで総理を務めた森さんを含めると、この十二年間の総理大臣は、野田総理、そしてさらに安倍さんで九人目であります。この間、小泉さんが五年半務めていますから、その他の総理大臣は毎年のように代わっているのです。これはリーダーシップ以前の話かも知れません。

この指導者なら信頼してついていくぞ、と国民に思わせるだけの、身体からにじみ出るものがないと、リーダーシップを発揮することはできないのであります。内なる仏さまの光と決して無縁ではないのです。

昔から、「三人寄れば文殊の知恵」と言われてきましたが、これでは何人寄っても知恵ある解決策は見出せないのでしょう。

文殊とは、仏教の文殊菩薩のことです。お釈迦さまの時代から間もなくの頃に実在した、インドのバラモンという上層階級の出身の賢者がモデルだとされます。お釈迦さまの

脇に、普賢菩薩とともに居る菩薩で獅子に乗っている姿で描かれることが多い仏さまです。

『十住心論』巻七は「覚心不生心（かくしんふしょうしん）」と名づけられた心のありようですが、この心には普賢菩薩のパワーが秘められていると、お大師さまは説いています。

「覚心不生心」とは、この世にあるあらゆるものは、みな幻であることを知る心でありす。この世にあるものがみな幻だなど、どうして信じられましょう。

しかし、この世の出来事やものは、この世だけのものである「限定品」だということを知りながら生きてほしいと、私は思っています。仮の姿なのに、これに執着して争い、傷つけあうことの愚かさを知ってほしいのです。

生命全体から見れば、すべては、この世という舞台の上に造られた舞台装置であり、大道具小道具なのだと、思っていただきたい。あるいは、大きな三次元的な鏡に写しだされている影ということもできましょう。ここは、生命の本当の世界ではないのだよ、とお大師さまは説いているのです。

この世のことだけが真実の世界ではないならば、「本当の世界」はどこにあるのでしょうか。「阿字のふるさと」と、お大師さまが教えてくれた、私たちの想像を超える世界があるというのです。阿字とは梵字の「あいうえお」の「あ」に当たる最初の文字で、密教の中心となる仏さま、大日如来をあらわしています。

密教では、大日如来は仏さまの中の仏さまで、大宇宙・大生命体とも言うことができる大きな仏さままであります。

この世のことが幻であるのだから、物事に執着することをやめなさいと、お大師さまは教えているのです。舞台の幕が下りてから演技していても、スポットライトは消え、観客もいないのです。しかし、たとえ仮の世界であっても、舞台に上がっているときは、観客にメッセージが伝わるように、誠心誠意、存分に動けば、次のステージも完全燃焼できるのです。

これは、見えているものだけにとらわれてはいけないという教えであります。

★人間はエネルギーなんだ、と考えて生きればもっと楽になる

みだりに迷いの心にとらわれてしまうと、迷う対象が消えてしまったら、心の根源はむなしいだけのことになる、とお大師さまは説いているのです。目に見える現象に迷ってはならないよ、お大師さまは、そう教えるのですが、この世に生まれ、さまざまな誘惑の前

には、人間は弱いもので、ついついのめりこんでしまうのです。それでは、迷いに心が消えたとき、心はうつろになってしまうよと、戒めるのです。

私たちは裸で生まれてきます。この世でどれほどの栄耀栄華を極めようと、偉大な業績を残そうと、死ぬときには、自分の身体をはじめとして、何一つ持っていくことはできません。

平成の天皇皇后両陛下のご意向によって、陛下が亡くなられたときには、これまでの土葬ではなく火葬にすること、両陛下を別々の御陵に葬るのではなく合葬とすることについて、検討を始めたそうです。

天皇の陵墓は、世界有数の巨大墳墓である仁徳天皇陵が有名ですが、これは土葬です。しかし、皇室が仏教に帰依するようになってからは、火葬も行われてきました。土葬が復活したのは、幕末の孝明天皇からだと聞きました。昭和天皇は東京都の多摩御陵にあり、香淳皇后の御陵と並んでいます。平成の両陛下は、きびしい時代の中で、なるべく質素にとお考えなのでしょう。

天皇のように国家をあげて手厚く葬ろうという存在であろうと、この世に残るものは陵墓や記録であります。生命はこの世だけに存在するわけではありませんから、この世という「宿」にあるものは永遠ではないのです。

形あるものは、実在するものではないけれど、「無」ではありません。人間の形をさせているもの、言葉であえて言い表せば、宇宙のエネルギーと、私は仮に呼ぶわけです。よりよく生きたい、と思ったとき、人間の形にとらわれていては、どうしても壁にぶつかります。人間はエネルギーなんだ、と考えて、これをもとに生きていく指針を考えればもっと楽になるのです。

「生死(まよい)がそのまま大いなる安らぎである」生死と書いて「まよい」と読ませるお大師さまの言葉です。煩悩がそのまま菩提だなんて、とんでもない。苦しみからのがれたいから、こうして、安心の境地にいたる道を聞きたいのじゃないか、そう言われる方も、もう一度考えてみて下さい。いつも苦労だ、苦労だ、と思っている仕事、あるいは家族、何もなくなったとしたらどうでしょうか。それこそ自由になってセイセイするとお考えでしょうか。決してそうではないと思います。

苦という形になって現れている現象は、あくまでも、自分の心の持ちようを自分に教えてくれている仮のものであります。苦の本当の姿、真理というものは、自分が苦と感じている心であります。それでは気持ちだけを切り換えれば苦がなくなるのか、と言いますとそれだけではありません。人間はエネルギーでありますから、苦をなくすためには、自分のエネルギーのなかで苦を感じさせる波動を、楽に変えることが必要なのであります。

★見えるものだけで生きているのではない

この巻でお大師さまが説いているのは「空」、色即是空の空であります。

色は、つまりは有形のものです。空は形のないものですね。実はどちらも同じこと、形をとらえて見れば形が見えますが、形にこだわらずに見れば、中身がよくわかります。形があってもなくても、生命は同じものなのであります。

現代の私たちにはわからない、何かの要因で、インド人たちは「ゼロ」という概念に思いがいたり、また人間と宇宙との関係について、何かを見つけたのだろうと思っています。仏教の源流はインドにあります。

「ゼロ」は、プラスとマイナスとの境界線です。何も無いポイントです。何も無いゼロを基点にするから、一つ得れば「プラス一」、一つ失えば「マイナス一」と数えられます。

人間はなぜ心があり、肉体があり、そしてほかの生き物と違って、このように考えたり、物を創ったりするのだろうか。生命のことをつきつめて考えていくと、そのようなことに行き着きます。心があるから喜怒哀楽を感じます。それは心ではなく脳で感じているのかも知れませんが、ほんとうにそれだけなのか、という疑問は残ります。

私は、日々行をしていますが、そのなかで肉体の限界を超えた「心の力」を知るようになりました。

「心の力」を感じますと、思いがけない生命力が湧いてきて、困難だと思われることを克服できることがあるのです。

しかし、「心」に頼りすぎては、「肉体」を痛めます。この世に生まれてきたのは、心と身体と、そして生命そのものという三つを調和させながら磨いていくことだと、私は信じているのです。見えるものだけで生きているのではない。見えないものといっしょに生きているのだと感じるところから、「空」の教えは始まるのです。

五番目の「空」は、見えないもの、触れられないものです。「空」とは、ゴムまりのようなもの。そんなふうに思い描いていただくとわかりやすいでしょう。

空洞ですが、中に何かがいっぱい詰まっているから、マリはまん丸になってはじけるのです。「空」とは、何も無いようだけれど、何かがいっぱい詰まっている状態です。

お大師さまは、このように教えます。

物質はすべて陽子と電子というプラスとマイナスから成り立っているわけです。相反するもの、それが色と空であり、私たちの存在を語る基本です。

「空」を真空にたとえて『般若心経』を語ったのは、物理学者の故糸川英夫博士です。真空に光がぶつかって、ポンとプラス粒子が飛び出したのが、「太郎」という一つの生命となる。しかし、宇宙のどこかに「マイナス太郎」がいて、再び合体して「空」になるのが「死」なのだと説きました。かつて糸川博士とお話したときのことが思い出されますが、「空」とは科学の世界にも通じる真理なのかと、御仏の教えの深さを実感します。

★「虚しく往きて実ちて帰る」

形のある物質も、形の無い心も、どちらも同じであって、生命はじつはどちらにも自在に成ることができるのだと、教えるのです。

この辺りが、お大師さまが説く真言密教の真髄です。この世にあって、仏と成れるのは、色と空との境界に妨げがないからだという、お大師さまの教えを、私は加持の根底にしっかりと据えてきました。

私たちが一心に祈るとき、あるいは仕事に熱中しているとき、御仏たちが共にいてくださる実感を覚えるものです。

「虚しく往きて、実ちて帰る」

虚しくやってきて、充ちて帰るという意味です。

お大師さまの言葉は、人生とは何かを教えています。

空の状態で、この世にオギャーと誕生したら、色としての生命を精一杯活かして生きて「空」を満たしてあの世に旅立つのです。

寿命をまっとうして、「あぁ、よく生きたなぁ」と思ってあの世に旅立つ人生が送れれば、生命が満たされたことになりましょう。見えないもの。愛情、いたわりや優しさ、正義、誇り、品格、知性……。心を磨けば、自然に湧いてくるものばかりです。子供たちに、心を磨くことを教えていきたいのです。

「空」を知ることとは、虚しいことではありません。「空」はもっとも安定した状態であり、空っぽのように見えているけれど、じつは形というものを飲み込んで、隠している、大きな器でもあるのです。宇宙そのものが「空」だともいえましょうか。あまりに大きいから見えません。

私は、「空は初心だ」と説いています。

毎朝、空になって天を見上げて、一日の無事を祈ります。

夜になって、寝る前には、心のなかを掃除して、大事な出来事、心明るくなる出来事の記憶は御仏にお預けして、その感動は明日の糧とします。

辛いことや苦しいことや悲しい出来事があったら、これらも御仏に報告して、辛い気持ちを忘れましょう。毎日、そうして心を「空」に還して寝るのです。そうすれば、明日は鮮やかな「色」で生きることができるのです。

★御仏に向かって心を開くことこそ空

「色即是空」とは、ゼロ地点に立つこと。そんなふうに考えてもいいでしょうね。

『般若心経』には「無」という文字が二十一カ所もあります。いったんゼロ地点に立ち返って、無心に素直な心で祈るとき、御仏の慈悲と智慧とが降り注ぐのです。その境地が「空」なのだと、思い描いて下さい。

自分の原点に立ち返る。それが「空」、少なくとも、一日に一度は「空」の境地をつくってほしいものです。

仏さまは大いなる慈悲の世界で、どのように衆生の迷いを救おうかと、いつも考えておられます。衆生もまた、救いを求め、仏の道を求める心を起こして、仏さまに向かっているのです。

悩んで悩んで、あまりに苦しくて、思わず「仏さま、お助けください！」と叫んだ、その響きを仏さまが直接お聞き届けになって、救いの手を差し伸べる。

迷いが深ければ、悟りへの道も近いというもの。迷いと悟りとは互いに加持しあっているのです。たがいに影響しあって、生命の世界は成り立っています。苦しさの余り、全てを投げうって、救いを求める心は、「空」となっているのです。

そのとき、煩悩からも解き放たれて、ただただ御仏に心を開いています。「空」とは、御仏に心を開くことでもあります。

闇に迷うことを知る。煩悩を知ることが、仏さまと出会う第一歩、「加持」の源流に触れることなのです。それは、「空」を知ることにつながるからです。

人はみな仏さまです。

我もまた仏さまです。

それが、加持の本質です。

★もろもろの存在は光明である

この巻七に、私がとりわけ心惹かれる言葉がいくつかあります。「諸法は光明なり」。これは、もろもろの存在は光明である、という意味です。

私は仏さまが光であることを直感したことがあります。前にも申し上げましたが、百万枚護摩行をやり遂げた最後の瞬間、護摩壇に七色の光があふれ、その中から金色に輝く仏さまが歩いてこられる姿をこの目で見たときであります。

たいていの仏像には光背が付いています。光背はまさに仏さまから発している光であります。「後光が差している」という場合の後光も、同じものです。

仏さまは光であり、身口意を駆使して仏さまの叡智に感応した人は、仏さまの光に包まれるのであります。

西洋にはオーラという言葉がありますが、仏さまの光はオーラに似たものです。内なる仏性を磨き、世のため人のために全身全霊で生きている人の身体からは、仏さまの光、オーラが発し、それが人々の尊敬を集めるのであります。

仏さまの光はお互いに感応し合います。したがって、その道をきわめて輝いている人のもとには、自然に同じように光り輝いている人が集まり、いい情報がもたらされます。そして、お互いに触発、啓発され、さらに光り輝くようになるのであります。

また、仏さまの光を発している人は、光り輝いていない人に対して良い影響を与えます。世の中には、その人に会うだけで癒し救われ、幸せを感じることができる、というような人物がいますが、そういう人は自分が気がついていないだけで、仏さまの叡知に感応し、慈悲と智慧を合わせ持っている人なのであります。

この世の中に、仏さまの光を発する人が増えれば増えるほど、それぞれが影響し合って、社会全体が仏さまの光に包まれ、幸せになります。その光が全国津々浦々にまで差し込むようになったとき、本当の意味で日本再生が実現するのであります。

私が行をしているとき、護摩壇の炎と私自身から発する「光」とが重なって、いっそう炎が高く見えるそうです。外国で、光が見えるといって不思議がられることもあります。

光は影によって輝いて見えます。影がなければ、光は何も見えないのです。どうして夜の闇があるのかといえば、私たちに「光」があることを教えてくれるためだと、私は感じます。「光」を灯す者が行者であり、加持は、その光を分かち合うことです。

私は行者としての長い経験から、仏さまは光だと感じています。密教の根本経典の一つである『大日経』という経典には「大日如来は太陽である」と、はっきりと書かれています。宇宙という闇を、私たち一つ一つの生命が光となって生きています。それが「空」の世界なのだと、私はイメージを持っています。

ときに、その光は曇って闇に迷いそうになります。「空」のバランスを取り戻すのが、加持の役割なのだと、信じています。

行者は我が心の闇を払うだけでなく、消えかかった他の松明の光を取り戻す力が要るのです。「空」を「空」とし、「色」を「色」として再び輝くようにと、祈るのです。

行者にとっては、精進こそが、さまざまな問題を乗り越える力を、御仏からいただくただ一つの道です。加持を言葉で語ることは難しい。「空」についても、言葉で表現するのは難しいけれど、御仏に向かって心を開くことこそ、「空」だと知って下さい。

「共利（ぐうり）」という言葉も、あります。共に利すると書きます。「自利利他」と同じ意味ですが、自分も他人も分けないで、「共」にと表現しているところが、またいいなあと思っていますが、「ぐうり」と難しく読ませているので、なかなか現代では説明ができにくいところがあります。

しかし、現代日本でこそ、この言葉をかみしめて生きていきたいと思うのです。

★お大師さまの説く「不」の教え

そして、「覚心不生心」の不生心とは、いったいどんなものなのでしょうか。生じない心とは、どんなものなのでしょうか。

お大師さまは、この巻で「不」の教えを説いています。

不生、不滅、不断、不常、不一、不異、不去、不来の八つに、「不」をつけています。モノが生じたり滅したり、無かったり、有ったり、同じだったり、違ったり、行ったり、来たりすることは、みなこの世の現象ですから、生命の本当の姿ではないのです。

お大師さまが説くのは、この世の現象に一喜一憂しないで、ものごとを自在にとらえることができる、自在の心のありようです。

そのとき、「不」という文字が、大きな役割を果たすことになります。

「不」という文字は、もともと天を表す横一文字の下に、鳥を表す文字を組み合わせたものです。鳥が天空に飛び立てない。そんな様子を描いた文字なのです。そこから、物事を否定する「非ず」や「未だ」という意味が生じました。

お大師さまの師・恵果和尚の師であった不空三蔵という方がおられます。密教の正統を継ぐ名僧です。

「不空」という名、おそらくは生まれ故郷の名から中国風に名乗ったものでしょうか。「不空」という名は、見えない世界を知っていることを示しているのではないかと、私は考えているのです。「不」とは見えない世界からの視点だということを、覚えて置いてください。

『般若心経』にも、「不」をつけた言葉がたくさん出てきます。仏教では大切な言葉であります。しかし、日本人の感覚では、「不」という否定の言葉が、どうして尊いお経やお名前に使われるのか、わからないという声を聞きます。

お大師さまがこの巻で、「不」について教えているのは、見えないものを感じ取る心ということであります。

リセットという言葉を、最近は否定的に使うことが多くなりました。「これもいらない、あれもいらない」と、ほんとうに必要なものを見つける「不の眼」を磨くところから、「リセット」は始まります。

何も無い「不」の世界から見ると、現代社会は、なんとモノに溢れていることでしょうか。そのモノにとらわれて、身動きできなくなっている日本人は大勢いるのです。何も生じない心とは、ありのままの生命は、いつも人々の中にある、ということです。固定観念にとらわれ、自分をしばってしまうから、暴発するのです。

「不」は大いなるリセットのキーワードだとも、私は考えています。

「生じない心」とは、見えない世界から形あるものを見ることができる心と申しましょうか。そうした心の状態になれば、仏さまの安心の世界への門を、さらにくぐることができるよ、という教えです。

★この世が幻であろうとも、生きている限り身口意をフルに回転させなさい

すべてが幻ならば、いい加減に生きてもいいのではないかと思う人がいるかもしれません。あるいは、昔のように「無常感」を抱いてはかなく思い、日常生活から逃れて生きてしまう人がいるかもしれません。

しかし、お大師さまはそうした道を説いたのではありません。この世が幻であろうとも、この世に生きている限り、身口意をフル回転させて生きなさい、それがこの世の幸せをもたらし、死んで後の世界も満ち足りたものになるのだと教えています。

「ものごとに実体がない」ということは、何ごとにもとらわれない自由自在の境地であり、それはまさに自分自身を自分でしっかりと把握する「自我」というものだ、とお大師さまは説明されるのです。

煩悩も菩提も同じこと。苦しい、苦しいと自分で自分を追い詰めて、固まりの状態にしてしまえば煩悩になります。トラブルの相手も苦しいのだ、と自分の苦しみを他人への愛に、巻六の教えである慈悲へと変えることができるなら、覚りにいたります。

いくら自分が慈悲の心で接しても、相手が少しも変わらない、もっと意地悪をしてくるということがあります。低い波動が高い波動と出会えば、自分と同じレベルに引き下げようとします。高いものは自分と同じところに引き上げようとするのです。

高い波動をより強く出せば、弱くて低い波動なら高くなりましょうが、強くて低い波動に出会ってしまうと、これは低きにひきずられてしまいます。

重く、低い波長の極端なものが、悪霊でありましょう。これに引きずられないためには温かく、広い気持ちを強く持っていることが何より大事であります。ひきずられてしまったら、これは自分だけではどうにもなりません。さまざまな障害が起きてまいります。

そんなときに、私がお手伝いをすることになるわけであります。悪霊となってしまったエネルギーのかたまりを溶いて、より高く、軽やかなエネルギーに変わることで、さまざまな障害が消えていくのであります。

エネルギーを高めるために、毎朝、ご先祖に祈り、行いを清め、真言をとなえ、慈悲の心を持って他人に接するのであります。

私たち行者が、厳しい修行に励みますのも、宇宙に満ちているエネルギーと同調できるように、高く広いエネルギーの波に近づくためであります。生命力のエネルギーは、生きとし生けるものを包み込むほどに、無限の広がりを持っております。

★一心不乱に真言やお経を唱えていれば、宇宙のリズムと同調できる

巻七では、実体性がない、様相がない、願いがないという状態が、覚りに通じる三つの門だと説きます。この三つの門にいたる瞑想のときに、文殊菩薩の真言を唱えなさい、と言われます。

ケイケイクマラキャ　ビボキチハタシチタ　サンマラ　サンマラ　ハラチゼン

この真言を唱えて瞑想すれば、文殊菩薩がやってきて力を貸して下さって、文殊菩薩のエネルギーと一体になれる、ものごとには実体がないのだ、ということを体得して、より高いエネルギーの波動を持つことができるようになる、という教えであります。

文殊菩薩とは、大日如来の無限の特性の一部ですよ、文殊菩薩が単独で存在するのではなく、大元は大日如来なのですよ、とお大師さまは巻七をしめくくります。

理論でどれほど語っても、有る、無いという概念を捨てない限り、わけがわからなくなります。言葉という、人間が作った器のなかでしか判断できないことも、突き詰めていけば、「マ」という真言一文字におさめられている、ということも感得できるのです。

それが、密教というものです。この巻ではまだ、密教の真髄にはいたりませんが、一つ一つの奥には、仏さまのエネルギーをいただくための儀式が隠されています。そうした奥義を知るには、しっかりした師が必要なのです。師が正しい教えを伝えれば、後に続くものが迷うことはないのです。

真言はサンスクリット語の発音をそのまま引用していますから、普通の人には意味はチンプンカンプンであります。真言だけでなく、お経の意味がわかる人も少ないのではないでしょうか。

お大師さまが「長い真言」だと言われた有名な『般若心経』でさえ、その意味を理解して唱えている人は少ないと思います。

しかし、私は日頃から信者さんに対して、「真言にしても般若心経にしても、たとえ意味がわからなくても、その背後に存在する仏さまを信じて、心を込めて大きな声で念じ唱えることが大事です」と説いています。

真言やお経には宇宙の真理が込められていて、その唱えるリズムには宇宙のリズムが取り込まれています。仏さまの力を信じ、一心不乱に宇宙の真理が込められている真言やお経を唱えていれば、いつしか宇宙のリズムと同調することができるのであります。

私の寺には、自分が生きるべき道を見失い、悩み苦しみ、途方に暮れた若者がよく訪ねてきます。私はそういう若者たちに、「あなた達にはリズムがなくなっており、心がきちんとしていない。まず般若心経を二十一回唱えなさい」とアドバイスします。

そうすると若者たちは、「二十一回唱えると、どうなりますか」と問い返してきます。私は「あなたの口から出る声が響きとなって、宇宙の響きと融合し、その響きが共鳴してあなたを取り巻くようになる。そうすれば、あなた自身が宇宙のリズムと一体となり、心がきちんとしてくるから、自分の正しい道を見つけることができる」と説いています。

要するに、真言やお経は理屈で唱えるものではなく、ただ無心に大きな声で唱えていれば、仏さまの叡智に感応して、自然に生命力が湧いてくるものなのであります。

★「空はすなわち仮有の根なり」

巻七で、お大師さまは、言葉というものは全てを語れるものではない、ということを言っておられます。ものごとは、言葉にしてしまえば、その言葉のなかでしか解釈されなくなる、という限定を生んでしまいます。

三角形を三つ並べたのが山だ、という認識は、山を見たことがない人には通じないのであります。しかし、山を見たことがない人もこの三角形を三つ並べた絵が、山というものを説明していることを知れば、山を説明するときに便利に使うことができるようになるのです。そして、絵文字は省略されて、現在の山という文字になりました。

じつは、この『十住心論』は回を追うごとに難しくなります。それは、言葉だけでは表現しきれない世界を、言葉で残そうというのですから、難しいのは当たりまえなのです。

しかし、お大師さまが言葉のなかに込めた大いなる教えはまた、言葉をはみ出して、たとえばここで私が読み上げた感覚で、なんとはなしに、皆さんに伝わったのではないか、と思います。それは、言葉に言葉以上のものをお大師さまが込められた、いわば魂の言葉であろう、と思うのです。

お経は大きな声を出して読むのがよい、というのは、じつはお経の言葉に込められた、御仏のエネルギーを受け止めることにほかならないからであります。音や声に込められたエネルギーの振動によって、生きものは生命力が強くなったり弱くなったりします。

毎日、声を荒げて怒鳴って暮らす人はいつしか気性が荒くなります。それでも、優しい心根で怒鳴るのと、イライラしながら怒鳴るのでは、人柄がすっかり違います。優しい声の持ち主でも、温かい心の人、冷たい心の人では、声の響きが違います。どれほどきれいごとを並べても、そこに込められたエネルギーの波動が清らかでなければ、相手の心には素直に伝わりません。

「空はすなわち仮有（けう）の根（もとね）なり」と、お大師さまは、この巻を書き始めています。

空とはすべての根本であるというのです。心を天空に広げて下さい。

今、日本に必要なことは、指導者が日本の伝統精神や美徳を体現し、世のため人のために生きて、内なる仏さまの光を輝かせることであります。

そういう指導者が現れたとき、国民はそのオーラに導かれて自らも内なる仏さまの光を輝かせ、日本は本来の仏さまの光に満ち満ちた「黄金の国」としてよみがえるに違いないと、私は確信するのであります。

巻八「一道無為心」

生きとし生けるもの すべての心と身体は本来清らか

★宇宙は生命の故郷

二〇一二年五月二十一日、日本では広い範囲で金環日食が見られました。これほどのフィーバーになるとは思いもよらないほど、老いも若きも早朝から空を見上げていました。

このとき、日本の東京天文台では太陽の大きさを正確に測ることができたと、ニュースになりました。太陽の大きさがわからなかったということのほうが、驚きでした。次に東京で完全な金環日食が見られるのは、三百年後だというので、お祭りのような騒ぎになったのでしょうか。

天文学にも物理学にも興味があるとは思えないようなお年寄りも、茶髪の若者も、子連れママも、日本中のそこかしこで、日食観測用のメガネをかけて空を見上げていたことに、私はびっくりしました。

そうだ、宇宙は生命の故郷なのだと思い至って、人は誰も心の奥にある宇宙への「郷愁」を潜在的に持っているのだろうと、謎を解いた気持ちになりました。

宇宙への興味は尽きません。謎がたくさんある、というより、わかっていないことのほうが多いのです。

人間は、いつから宇宙を観測したのでしょうか。それは、驚くほど遠い昔でありました。

二万五千年も前、赤道アフリカのナイル河の源の一つであるエドワード湖のほとりで見つかった骨に、二十九個ずつのまとまった刻み目が掘られていました。月の満ち欠けを記録していたものです。これは、その当時、この地域で暮らしていた民族の名をとって「イシャンゴの骨」と呼ばれています。この民族は、やがて火山の爆発で滅びてしまったそうですが、これが、世界最古の「月の暦」だとされます。

最も詳しい暦を作っていた中米のマヤ文明のことは、近年になって全体像がわかってきましたが、惑星の観察記録を楔形文字で粘土板に刻んだ紀元前のバビロニア、星座の名前も氷河期を思わせる古い記憶があるそうで、人類と天体観測、宇宙への探求はとても古いことを知りました。

仏教も例外ではありません。とりわけ密教はアジア文明の集大成といわれるくらいですから、遠い過去からの知識が教えに込められています。

「敦煌星図」というものがあります。紀元七二〇年頃のものとされますが、北極星をとりまく星座や星が描かれて、漢字でその名が記されています。

西域にある敦煌は、井上靖さんの小説にも知られているように、巨大な岩壁に掘られた洞窟に、仏教の経典など何万もの書物が収められていたところです。いまでは、観光客も行くことができますが、かつては最果ての地だったこの地では、千年ほど前に敵軍の侵略を恐れてレンガでふさいだのです。

明治末年に発見され、世界を驚かせました。これは、現存する世界最古の紙にかかれた星図だとのことです。

星を見て、運命や未来を予測しようとした人間の歴史は、尊いものであります。お大師さまが、唐から持ち帰った星の暦は、厄除けを祈る星祭りの原点であります。

★あなたも私も仏さま、すべては宇宙のなかにある

さて、『十住心論』は巻八に進みます。「一道無為心」と、お大師さまは名付けました。生命とは、宇宙の生命のすべての源である大日如来からいただいたもの、御仏と同じものであります。

これを「一道のさとり」と言います。宇宙の謎のようで、よくわかりませんね。どういうことなのでしょうか。

私たちは、小さな宇宙であって、大きな宇宙、つまり大日如来と響き合って生きています。小さな円が私たちだとすれば、その中心を無限大に広げていくと大きな宇宙になります。

生きものの一つ一つ、人間の一人ひとりが小さな宇宙の円ですから、広げていって見えてくる大きな宇宙は、とてつもなく大きいのだと、思って下さい。

大日如来がすべての始まりなのだ、と、お大師さまは教えます。そこから宇宙は形作られ、生命というものが、私たちの認識できる形をとって顕れている、と説くのです。

一つ一つの仏さまの智慧は、みなみな人と共にあるとも、お大師さまは教えます。私たち人間はいつも無数の仏さまの智慧に包まれて生きていることを、もっともっと知ってほしいものです。無数の智慧は、一人の人間の智慧です。曼荼羅の世界は、私たち一人ひとりが持っているものなのです。

宇宙とは、大日如来とは、もともと存在していたものだと、お大師さまは説きます。

「我は一切の本初なり」と。

あなたも仏さま、私も仏さま。そしてすべては宇宙のなかにあるものだというのが、巻八の教えです。

宇宙は果てしなく暗く広がって見えます。その闇のなかに星がまたたいています。見えない小さな光は無数にあります。私たちの生命とは、闇にまたたく星のような存在なのです。闇があるから光が輝いてみえます。

空を見上げる自分がいます。空があるから見上げるのです。どちらも、じつは同じこと、心があるから主観的にも客観的にも見ることができる、大事なことは心というものをよく知ることだと、お大師さまは教えるのです。

★光と闇があることを知って生きる

息を吐いて吸う。この生きている基本動作だけを考えても、私たちが宇宙のなかで生きていることがわかります。吐いた息は大気に吸収されます。その大気から息を吸って、私たちは酸素を取り入れて身体を動かしているのです。

大きな宇宙という円と、呼吸によって結ばれている小さな宇宙が人間です。私たちの身体には、さまざまなものが詰まっています。遺伝子には先祖から伝えられた生きる智慧があります。

臓器は個性を持っていて、人体というネットワークを休まず動かしています。はたらいているのです。

脳は、免疫は、手足は、そして心のはたらきは……と考えていくと、自分という宇宙にも太陽がめぐり、星がまたたいているような気持ちになりましょう。

それが「あるがまま」に存在を受け入れることだと、私は思っています。

小宇宙から飛び出してみれば、そこここに同じようで違う他人が無数にいます。みんな宇宙なのだ、仏さまなのだと思う心を見つけたとき、私たちは仏さまの世界にいるのだとお大師さまは繰り返し教えます。

光も闇も、同じ仏さまの姿です。私たちの心にも光と闇とがあることを、知って生きることが「一道」だと、私は思っています。光と闇があるからこそ、光を思い、光に向かって歩くことが、生きることであります。

私は、このことは一人の人間だけでなく、国家にも当てはまると考えています。人も社会も国家も宇宙もみな仏さまとして考えてみると、お大師さまの教えが胸の奥深くにしみわたります。

お大師さまは護国の祈りを大切にしました。その教えは、いまも続いています。国家が安定していれば、民は安んじて暮らすことができます。過去の歴史を見るまでもなく、現代の国際情勢をみても、よくわかります。

どの国も、完璧な組織はありません。光があれば、闇もあります。心正しい国民もいれば邪な者もありましょう。「悪貨は良貨を駆逐する」と言われますが、そうでしょうか。私は良貨もまた悪貨を追い払う力を持っていると思います。

★光に向かって一歩を踏み出せば、光はさらに大きくなる

自分の心をのぞいてみれば、仏さまに叱られそうな思いもありましょう。しかし、誰もが仏さまが喜ぶような考えも持っています。そんなとき、仏さまに喜んでいただこうと思う気持ちが、光を見つめる心であります。光に向かって一歩を踏み出せば、光はさらに大きくなります。近づけば、大きくなるのです。

私は、この「背暗向明」、明るさに向かって暗やみに背を向けるという教えは、自分の生き方、人との付き合いだけでなく、国家と国家との付き合いでも同じことだと思っています。

私は、ここしばらく北朝鮮とご縁ができて、何度も訪問しています。

北朝鮮は、いま、国連はじめ多くの国から批判されています。核実験をしたこと、国民

が窮乏していること、収容所に政治犯などを入れる恐怖政治を行っているとされることなどが、批判の理由であり、日本との間には拉致問題があります。

そうした中で、私が北朝鮮とお付き合いをすることに、批判する方もおられますが、私はそうは思いません。まさに、闇のなかに光を見つけていきたいと考えているからです。

ご縁の始まりは、私は北朝鮮で、戦没者の慰霊祭を行いたいと考えたことからでした。

私は、二十年余り、世界の戦跡や大事故があった地を訪れて慰霊祭を行っています。これは仏教の怨親平等思想に基づくもので、「戦争が終わったら、敵味方の区別なく戦没者を慰霊する。それが戦後の平和の礎となる」という考え方です。非業の死を遂げた人たちの霊が成仏すれば、世界は平和になると、祈り続けてきました。宗教の違いを排除せずに、ローマ法王、ロシア正教、ユダヤ教など、それぞれの宗教指導者と会ってきました。「平和の巡礼」と呼ばれるようになっています。

朝鮮半島における過去のさまざまな戦いで、非業の死を遂げていった戦没者・戦争犠牲者の慰霊祭を、北朝鮮で行うことによって、北東アジアに平和を招来したいと考えたからです。最初に訪れたとき、北朝鮮にも寺院があって、僧侶たちが守っていることを知りました。このとき、古刹の妙香山普賢寺で略式ながら戦没者慰霊を行いました。この古刹のご本尊は大日如来です。

朝鮮戦争で寺はほとんど破壊されたのを、故金日成主席がいち早く寺院の再建を指示したそうです。そして、故金正日総書記もたびたび寺に来ていたと聞きまして、仏教者の一人として、私はたいへんうれしく思いました。

★最も近い隣国の指導者へ弔意を表すのは当然のこと

私は、二〇一一年四月に訪朝したとき、金日成観音像を寄贈しました。最初に訪れた折に、妙香山普賢寺の住職から金日成主席の事蹟を聞いて、帰国後に造りました。

当時の金日成主席は、生前、「国を独立させ、国民に衣食住の足りた生活をさせたい、それができたら、世界の平和のために尽す国民になるべきだ」と、独立の闘いに身を挺して建国した志がまさに菩薩行の人だと感じたのです。

しばらく、鹿児島の私の寺で毎日祈りまして、北朝鮮に持っていきました。観音像は金正日総書記の指示により正方山成仏寺に安置され、今回もその前でご供養の祈りを捧げました。さらに、前回訪朝した後で、金正日総書記千手観世音菩薩像を作り、これを朝鮮仏教徒連盟に寄贈し、たいへん喜ばれました。この千手観音像を作りましたときは、金正日総書記は健在でしたが、二〇一一年末に急逝しました。日本政府は、許朝鮮総連責任副議長（現・議長）が葬儀参列のために北朝鮮に行くことも再入国することも認めませんでした。二〇〇六年からの制裁措置を盾にしたのです。

昔から葬儀は「村八分」の特例でありましたが、そうした温情は一切無かったのです。北朝鮮は、東日本大震災には、いち早くお見舞いをしてくれています。私は、日本政府関係者が誰も朝鮮総連へ弔問しないと聞き、二〇一一年十二月二十八日に東京千代田区富士見の総連本部へ、仲間の僧侶や弟子たちを伴って赴いて、慰霊の読経をあげました。最も近い隣国の指導者へ弔意を表すのは、当然のことだと信じています。翌年の一周忌にも、私は総連本部で供養をしました。

戦前の軍国日本の行き着いたところは、北朝鮮の要人たちも知らないはずはありません。国際的孤立に陥らないよう、私たちも冷静にその行方を見定めていかねばなりません。まずは、国交回復への道を開くことが急務ではないでしょうか。国境が開ければ、正確な情報も伝わってくるはずで、問題解決の推進に役立ちましょう。国民の苦難にも手助けもできるはずです。

私は日朝親善に努めたとして、北朝鮮より「北朝鮮最高勲章」「親善勲章第一級」を授与されました。日朝友好の一助となればと喜んでいただきました。

国家には光と影とがあります。片方だけを見るのではなく、全体を見守り、なお一灯を求めて光を大きくして行きたい。それが、拉致をはじめ問題解決の扉を開くと信じて、私は力を尽しているのです。

★迷いも覚りも我が心のはたらきである

光と影、光と闇は対立する二つのものではなく、一つなのだと、お大師さまは教えます。それが、生命の源である宇宙のあるがままの姿であります。

私たちと、生命の故郷を結びつけているものは何でしょうか。それが「心」であります。

「心」で思うこと、感じることは、私たちの中におられる仏さまが思うことであり、感じることとです。よくないことを思ったり、感じたりすることも仏さまなのかと思いましょうが、よくないことを思っているとき、何か落ち着かない気分になりませんか。それが、仏さまのサインであります。

私がいて、鏡にその姿が写りますが、鏡が曇っていれば、私の姿はよく見えません。ほんとうはもっと痩せているのに、影といっしょに見えて、なんだか太って見えてしまいます。顔立ちも整っているのに、曇って暗い顔に見えてしまいます。

その姿を見て、劣等感をいだいたり、他人を羨んだりするとき、仏さまはちょっと光を鏡に当てたり、傾けたりして、間違いを教えてくださるのではないかと、私は思っています。気づけば、それだけ早く鏡の曇りは消えるのです。

「迷悟我に在れば　発心すれば即ち到る

明暗他に非ざれば　信修すれば忽ちに証す」

これは、『般若心経秘鍵』で、お大師さまが説いた言葉です。

迷いも覚りも我が心のはたらきである。この道理を信じて御仏に帰依する心を発すれば速やかに覚りにいたることができる。明らかな智慧も暗い煩悩の迷いも、我が心を離れて他にあるわけではない。だから、法を信じ、教えのとおりに修行すれば、たちまちに御仏の果報を我がものとすることができる。そう、お大師さまは説いているのです。

現代は若者ばかりではありません。政治家も経済人も、社会そのものが迷っていると思います。迷って迷って、しかし、何に迷っているのかさえ、わからなくなっています。

迷うのは、自分がどこにいるかわからなくなるからであります。英語は「道を失った」

と表現します。インドのヒンドゥー語は「なくなった」というニュアンスの言葉で迷うことを表現するそうです。日本語でも「方向を失う」という表現をします。

御仏は、私たちの日々の風景に、あらゆるメッセージを描いて下さるのですが、読み違うと、薬になるはずのものが、毒になってしまう、だからよくよく迷って、よい道を選びなさい、という教えだと思います。

学校へ行きたくない。しかし、学校へ行きたい気持ちも片隅にあるはずです。その隅っこに小さくなっている気持ちのことも考えて迷いなさい。お大師さまはそう教えます。迷うのは、自分の心なのです。

★一つは多いこと、多いことは一つである

「菩提（さとり）とはなにかといえば、ありのままに、みずからの心を知ることである」

これは、大日如来の言葉です。

正しい覚りとは、誰も、これが覚りだと手にとって見せることもできなければ、自分の言葉で説明することもできない、形がないものであります。心は身体の中にあるものでもないし、身体の外にも、その中間にあるものでもない、と教えは続けます。

執着しないことが三毒の戒めであり、それが「無為」の住心であります。

一心にカネ儲けをする、しかしカネに執着しない。大きな欲を望むことは、これを活かし切る大きな責任を背負うことであります。大きく活かされて、はじめて欲が清らかなものとなるのです。自分だけむさぼってはいけません。いま、日本に問われているのは、この心でありましょう。

一心について、巻八でお大師さまはお話されます。

一つは多いこと、多いことは一つである、というのですから、これまでの巻で何度がお話した空と色の発想を知らなければ、とても混乱して、何がなんだかわからなくなってしまいましょう。

なんでも、一つ、二つとハッキリ数えて確認して契約をするのです。神と人との間も契約の観念が基本ですし、かつては王と市民も契約によって結ばれました。

契約とは、必ずしもおカネを仲立ちとしたものではありません。私はこれとこれを提供するかわり、あなたは何を提供しますかという、これが西洋の平等の原則であります。

東洋ではどうでしょう。一つも二つも、ときには同じであります。一つといっても大きいものや小さいものがあるのですから、同じ一つとは考えられません。一と一を足したからといって二になるとは限らないのですから、数を基本にしては間違うことを知っていたのです。

契約をしても、信頼がなければ、ただの紙切れにしか過ぎません。たしかに、契約があれば便利には違いないのですが。

どちらが良い、悪いはいえません。立場が逆なら、良いことも悪くなり、悪いことも良くなります。シロクロとはっきり決めつけないのが、東洋の発想の原点でありましょう。

東洋で一と一切の違いといえば、一つとは他と区別するための表現であり、一切とは、調和だという考えであります。分かちあい、思いやることで、個々の差は全体のなかで平等になります。

個としての完全さよりは、全体の調和によって、はじめて平等の原則が成り立つ、というわけです。

★手を叩いたとき、どちらの手が鳴ったのか

わかりにくい教えかもしれません。私は、この教えを「合掌」にたとえます。

合掌については、禅問答でよく知られていますね。手を叩いて、どちらの手が鳴ったの

かと問いますが、片手では音は出ません。両手を合わせたとき、初めて音が響くのです。二つは一つであり、一つの音は二つから作られている、分けることはできません。それを「一道」と考えていただくと、わかりやすいかと思っています。僧侶はおおむね、合掌を挨拶としています。お寺にお参りして、御仏に祈るとき、皆さんも合掌するでしょう。

東南アジアなど、仏教が浸透している国々では、日常の挨拶に合掌します。これは、相手に対して敵意がないことを表しているという説もありますが、むしろ人みな仏として敬うという宗教心の伝統ではないでしょうか。

私たち日本人も、仏壇やお墓参りだけではなく、日常の食事のときに合掌する習慣をもっている人はとても多いのです。これは、他の生命をいただく食事に対する感謝であり、その生命を粗末にしないという心でもあります。

また、キリスト教でも、形は少し違うことが多いのですが、やはり両手を合わせ、結んで合掌します。人は、祈るとき、両手を合わせるのですね。

両手を合わせて、心を神仏に伝えようとする。そんな仕草を、人間はいつからするようになったのでしょうか、興味深いところですが、よくわかりません。両手を開くより、合わせるほうが集中するようにも思いますが、どうでしょうか。

戦後間もなくのことですが、真言宗では、「合掌運動」というものを展開しました。いったい、どんな運動でしょうか。まず、「平和の三信条」を決めました。

お互いに拝みあうこと

お互いに助けあうこと

お互いにゆずりあうこと

この三つを身近なところから実践していこうではないか、というものでした。なにも、「運動」などにしなくとも、いつも実践していればいいことですが、このように掛け声を発しなければならないほど、戦争の傷は深かったのです。

★合掌は御仏と我とが一つに成る姿を表す

敗戦後の日本社会は、人々の心が荒れていました。死と隣り合わせで生き抜かねばならないのが戦争です。「敵」に対して、憎しみを駆り立てねば、自分が殺されてしまう。あるいは餓死の恐怖を背負い、追いかけ、逃げ惑う極限の状態が戦争でした。

そのような戦場から生きて帰ってきた者たちは、いまだ戦争の悲惨な記憶を拭い去れずにいましたし、肉親を失った者たちの悲しみは癒えずにいました。戦災などで家財を失い、職をなくし、国家体制は崩れて、価値観はすっかり変わってしまいました。何を信じたらいいのか、誰を信用したらいいのか。多くの日本人は、自信をなくしていました。虚無的な気持ちに陥る若者がたくさんいたのです。

犯罪は頻発し、他人などどうでもいいと考える人間が増えていました。町のそこかしこからいさかいの声が聞こえてくるような、そんな世相でした。

それではいけない。先達たちが、まず小さなところから、強い心を取り戻そうではないかと、この合掌運動を始めたのです。そのような努力が実って、戦後の日本は大きく発展しました。人々に笑顔が戻り、暮らしも安定したのです。しかし、その安定が、油断を生んだ、と私は考えています。

合掌とは、手の先に我が心を向けます。祈りが御仏に届きますようにと、指先を天に向けて祈るのです。合掌は、拝む心を形にしたものです。

合掌には十二通りありますが、私たちが普段手を合わせているのは、四つほどの型が多いようです。

右指が上になるようにして、両指先を交差するのが金剛合掌。

両手を静かに合わせて、掌に少し空間ができるのが、虚心(こしん)合掌。

両手両指をピッタリと合わせて、指先を多少開く堅実合掌。

虚心合掌より掌の空間がやや広く、かつ中指が少し開いて、まるで蓮華の蕾のような形をするのが、未敷蓮華合掌です。

お大師さまの教えでは、両手両指には、それぞれ秘められた意味があります。専門的になるので、省略しますが、お経のなかには、右の手は御仏で、左の手は自分だと説かれています。

ちょっと、両手を合わせてみてください。無意識に、皆さんはこの四通りのどれかに当てはまる合掌をしているはずです。

密教では、祈りの形として「印」を結びます。その一つ一つが御仏へのメッセージですから、合掌の一つ一つにも意味を持ちます。しかし、その解説を覚えるより、皆さんには合掌の心を胸に刻んでいただきたいのです。合掌は、その御仏と我とが一つに成る姿を表すものなのです。まずは、合掌の意味を知って、祈りの心を磨いて下さい。

★人を拝む人は人に拝まれる

仏教には「六方礼拝」があります。お釈迦さまが『六方礼経』で説いたもので、礼拝合掌の中にこそ、無限の幸福と、ほんとうの歓喜があることを、説話をもって示しました。

これは、お釈迦さまの弟子が父親の遺言を守って、教え通りに、毎朝起きる身を清めて東西南北上下に向かって、四回ずつていねいに礼拝合掌していました。お釈迦さまは、その姿をご覧になって、礼拝の意味を教えたのでした。

東――親は子を拝み、子は親を拝む

南――師は弟子を拝み、弟子は師を拝む

西――夫は妻を拝み、妻は夫を拝む

北――親族、朋友相拝む

地――使うものは使われるものを拝み、使われるものは、使うものを拝む

天――修養に志し道を求むるものを拝む

こうして、拝むことによって、自分と社会のあらゆる関わりの人たちを拝むことを意味します。

憎んでいる人も、毎朝そっとその人に対して手を合わせて拝みましょう。きっと、相手を憎む心が融けてきます。こちらが融ければ相手も必ず融けるのです。祈りとは、きっと

御仏を通じて届くものです。

私の寺には、いつもたくさんの信者さんがおいでになって、行に参加します。壇上に上がらなくとも、本堂で、ともにお経を唱え、真言を真剣に繰るのです。

そうした方たちのお顔は、いつしか輝き、表情が豊かになります。緊張感といいましょうか、生き生きとした美しさが具わってくるのです。どうぞ、ご自身で鏡を見て下さい。あるいは、声に張りが出てきます。

仏の心は仏の心をひき、鬼の心は鬼の心をひきます。人を拝む人は人に拝まれる人になります。

私どもは社会に合掌しましょう。社会の幸福のために祈るのです。社会の人との共存を感謝するのです。国家国民の安定のために合掌して祈りましょう。世界の人類の平和と幸福のために合掌して祈りましょう。

★良い心で受け入れることで光の未来が開ける

一日の合掌について、お話します。

朝床を離れますとき、静かに合掌して「今日一日をみ仏さまとともに暮らしましょう」

と心に誓って起きますとき、私どもの心は確かに落着きがあります。覚悟があります。しっかりと自分の心を抱いて起きることができます。

もし家庭に在って、朝余裕のある方だったら、静かに仏前に香をたいて、合掌礼拝していただきたいと思います。心が爽やかになって、一日を楽しく暮らして行くことができます。

一日の生活のスタートを切るときが最も大切ですから、ぜひ朝の合掌を実行してください。きっと気持ちよく、一日の歩みを続けることができます。晴れやかな心には、さわやかな、黎明の光が輝きます。

夜の合掌は、心のお掃除です。「今日一日を無事で暮らさせていただきました」と感謝の御礼を捧げるとともに、瞬間の反省をすると、お湯に入ったような心持ちになれます。何にも心掛かりのないように、傷ついた心を懺悔し、躓（つまず）いた心を正しくして、御仏の前につつましい合掌をささげて寝みますと、心の底からくつろいだ安らかな眠りに入ることができます。

「浄穢（じょうえ）不二」という言葉があります。汚いもきれいも、生命そのものであり、切り離すことはできません。

合掌とは、御仏と我との一体を表すものだと申しましたが、汚いものときれいなものとが合体しているのが、生命であるという教えも込められているのです。

汚いものだからと、そのままにするのではなく、「浄穢不二」として全体を清めることによって、尊い存在になるのです。蓮の花のたとえを思い出していただくと、よくわかりましょう。泥の沼から美しい純白の花が咲くのです。

この、一道無為の教えに秘められているのは、観自在菩薩の瞑想の教えです。観自在菩薩、観音さまは蓮の花を手にしておりますが、これこそ、生きとし生けるものすべての心と身体とは本来清らかなものなのだ、という教えを表現しているのです。

蓮の花は泥沼に美しく気高く咲きます。貪(むさぼ)り・瞋(いか)り・痴(おろか)さという泥のなかに根を張りながら、迷いや汚れの水に浮かびながら、あくまでも白く、赤く、清らかな姿であります。この清らかを一道無為と名付けているのです。

自分が蓮の花で、他人や周囲の環境が泥だと思う人がいるかもしれません。しかし、一は一切であり、一切は一であります。自分と他人とはっきり分けることはできません。他人の心にも蓮の花は咲くのであります。他人の泥ではない、自分の心の泥なのだと認識することが、あるがままを知ることです。

他人のせいにすることは、自分の鏡に映っている泥に気をとられること、他人の泥だと思っている限り、いつまでたっても自分の泥にも気づかないのです。

自分の心にある沼全体の様子がわからないのですから、蓮の花が咲いているかどうか、咲いているのに泥に埋まっているかもしれないことさえわかりません。

自分の蓮の花を美しいと思う心が、他人の蓮の花を認めることができるのです。泥には泥の役目があり、泥の栄養によって蓮は花を咲かせることができます。泥は汚いもの、と思う心がそもそも間違っていると、お大師さまは教えているのです。

東北地方の巨大津波で流されたものが、太平洋を五千キロも漂流して、大量にアラスカなどに流れるのですが、地元の自然保護団体を中心に、これを片付けてくれているそうです。「米国も津波や地震の際には日本に助けてもらうかもしれないから」と、その費用を日本に請求はしないということです。日本で瓦礫の受け入れを拒否していることを思うと、その姿勢には頭が下がりました。

地球は一つ、海の向こうからは、良いことも悪いこともやってきますが、良い心で受け容れることで、光の未来が開けます。

「一道無為心」の教えを、しっかり胸に刻んで生きていただきたいと願っています。

九章

巻九「極無自性心」

迷いの波が静まらないから、自分の心を悟ることができない

★最後の一瞬まで初心なのだ

　坂の途中で上を見上げれば、まだ登らなければならないのかと、ためいきが出ます。頂上に近ければ近いほど、「あと一歩」が重く感じます。

「夜明け前が一番暗い」とも申しますが、やはりゴールが近づくほどに苦しいものです。「もうすぐだ」と思う気持ちが、心のゆるみになってしまうのでしょうか。プロ野球選手が、たとえば二千本安打まで、あと何本かヒットを打てば達成するというときの、最後の一本がなかなか打てないことを思います。

『十住心論』も巻九までできました。ここを究めれば、あと一つで「覚りの心」となるわけですが、しかし、その直前の教えが、じつは難しい。教えが難解だというより、なかなか実践できるところまで行かないのです。

「言うは易し、行うは難し」という言葉こそ、「あと一歩」の教えでありましょう。

　その「一歩」を無事に登りきるために、どんな心持ちでいたらよいのか。ごいっしょに考えてみたいと思います。それが、お大師さまが後世の私たちを導くために、心血を注いで書き上げた『十住心論』の教えを学ぶことであります。

「もう一息に油断してはいけない」とは、私の亡き母の教えでもあります。

平成元年、私が百万枚護摩行を成満いたしましたときのこと。結願まであと三週間となった四月二十一日に、母が大隈半島の自坊からやってきました。陰ながら祈ってくれていたのですが、この時期に私のもとを訪れたところに、深いわけがあったのだと、いまも母の心が私を温かく包みます。

「やっと、峠を越しました」と、私が申しますと、「何を言うか、行はこれからだ」と譲りません。私としては、崩していた体調も戻って、このままいけば満願と思っていたのでした。

「最後の一日を残して倒れても、この行は駄目になる。つらいのは最後の一日なのだ」

母の言葉が実感できたのは、それから十日ほどしてからのことでした。すでに体力は限界にきていましたし、もう九割方済んだと気をゆるめたものですから、もう座っているのもきつくなりました。そうなりますと、日が過ぎるのが遅くなります。ゴールがどんどん遠ざかっていくような気持ちになりました。

それで、母の言葉を思い出して、毎日、きっぱりと「今日が初日だ」「今から始めるのだ」と自ら言い聞かせて、行に臨みました。結願の日、私は護摩壇の前で最後の祈りを続けていたときを思い出します。まさに、最後の一瞬まで「初心」なのだと、今にして思えば思うほど、母の諭し、お大師さまの教え、仏さまの心が、私の全身にしみじみと伝わってきます。

母が尋ねてきてくれなければ、私を戒めなければ、私は「もう一息の休息所」から立ち上がることはできなかったことでしょう。

どのようなことでも、目標に向かって努力しているとき、最後の階段を登る厳しさを味わいます。受験勉強も、プロジェクトを完成させるのも、仕上げの一瞬こそ、最大の力を発揮しなければ、失敗してしまいます。

★ものごとは、手に入って初めて「実現」したことになる

この極無自性心が、どうして「最後の油断」をいましめる教えなのでしょうか。極無自性心は、頂上が見えてきたところで、一呼吸つく、そんな心のありようです。

因幡の白兎の寓話は、『古事記』や『日本書紀』で語られる神話として、皆さんもよくご存知ですね。

隠岐島に暮らす白兎は、海を越えて因幡の国に渡りたいと、悪知恵をしぼりました。

「そうだ、海にウヨウヨいるワニは、力持ちだが鈍な奴だから、あれをだまして島を出よう」

白兎は、ワニに話しかけます。

「私とあなたとを比べて、どちらが同族が多いか数えよう。できるだけ同族を集めてきて、この島からあちらの浜辺まで並んでおくれ。私がその上を踏んで走りながら数えていくから」

ワニはこの言葉を信じて海の上に並びます。まるで、島と本土を結ぶ橋のようになったところを、白兎はワニの背中に乗って、数を数えながら渡りました。

あと、一匹で渡りきる、そのときに、兎は思わず言ってしまいました。

「お前らは、やっぱりアホだな。私はお前達を騙して、海を渡ったのだ」

頭が良いだろうと、白兎は自慢してしまったのです。

これを聞いたワニは怒って、白兎を捕まえて、皮をはいで砂浜に放り出して行きました。痛い、寒い、自分の失敗を悔しがって泣いていると、その地の神様が通りかかりました。わけを聞いた神様は、「海の塩を浴びて、風に当たっていればよい」と言い残して去りました。

その通りにした白兎は、傷口に塩が沁みて、風がさらに塩気を強くしますから、いっそう痛くなってころげるほどの苦しみになりました。大声で泣いていると、また、一人の男が通りすがりに声をかけてきました。

ことの顛末を告げると、その男は言いました。「お前は、また騙されたのだ。もとの原因はお前にあるとはいえ、かわいそうだ。真水で身体を洗って、蒲の穂を摘んで広げ、その上でころげれば、治るだろう」そう教えて去っていきました。

白兎が、その通りにすると、やがて傷は癒えました。その男は、大国主命、大黒さまだと伝えられます。

この伝説は、じつは日本でもいくつか同じようなものがあり、また東南アジアや中国、アフリカなど世界にも同じようなお話があります。おそらくは、海外から伝わってきた寓話でありましょう。ワニはもともと熱帯に棲息している動物ですから、南の国で生まれたのでしょうか。サメなどほかの動物や、ほかの場所だとする説もあって、研究者もたくさんいるようです。

この寓話には、いくつもの教えが込められています。まずは、ウソをついて騙してはいけないことです。相手を愚か者だとあなどった白兎は、手痛いしっぺ返しをくらいました。因果応報であります。

しかし、その悪い奴をも、大黒さまは救います。それが慈悲心であり、医療の原点でもあるのです。

さらに蒲の穂は、効能があるそうですが、一説には蝦蟇、切り傷によく効くというガマの油に通じるのではないかと説く人もいるそうです。

しかし、なんといっても、大きな教えは「油断大敵」であります。最後の一瞬まで気をぬいてはいけないという教えこそ、この寓話が長く語り継がれてきた秘密でありましょう。

ものごとは、手に入って初めて「実現」したことになります。

平成の天皇陛下の心臓バイパス手術を執刀した順天堂の天野教授は、手術後の記者会見では、「まだ手術が成功したというわけにはいかない」と、慎重な姿勢を見せました。その後、陛下は胸水が溜まるなどの報道があって、国民はハラハラしましたが、天野教授は「想定内だ」と落ち着いていたようです。

そうして、英国のエリザベスⅡ世の戴冠六十年のお祝いに両陛下がお揃いで訪問され、無事に帰国されてようやく、「手術は成功でした」と語ったのでした。さすが名医、油断はありませんでした。

★心は仏さまがおられるところ、想像もつかないほど偉大なもの

ここまできましたが、最後の巻を知るまでは、なにも手にしなかったことと同じであります。お大師さまの教えのエッセンスは、そのことにあろうと、私は思っています。

「極無自性心」とは、一口に申せば対立を超える心の世界であります。

もうすぐ、仏さまと一体になれるほど、自分の心に近づいてきましたが、身近すぎて見えないことを知りましょう。

「我が仏、思議し難し。

我が心広にしてまた大なり」

空気の微粒子のように遍満している仏さまの存在は、それだからおもんぱかることはできない。自分の心も広くてあまりに大きいから量ることはできない。

心は仏さまがおられるところ、大きな仏さまが住まう心とは、想像もつかないほど偉大なものなのだと、教えているのです。

これはモノである、これは感性である、これは理論である、と一つ一つを分けて考えて

いては、全体も見えないし、本質もつかめない、すべてを一つに観て、その中にそれぞれの要素があることを理解し、なお要素だけでは存在しえないことを感じ取る、そうした総合判断が、まずは大事であります。

そのうえで、自分の観ているもの、感じているものの形にとらわれることなく、心でそのことを知りなさい、という教えですね。

二〇一二年五月、プロ野球のソフトバンクから巨人軍に移籍してエースになった杉内投手が、ノーヒットノーランを達成しました。通算三十九人目という快挙でした。九回ツーアウトまで、だれも出塁させず、「完全試合」の達成まで、あと一人というところでバッターにフォアボールを与えてしまい、残念ながらこれを逃しました。杉内は鹿児島実業高校の出身でもあって、郷土からまた素晴らしい記録が出たと、喜びました。

あと一人で完全試合にあるというとき、東京ドームでは、割れんばかりの「杉内コール」で、本人にはずいぶんプレッシャーだったことでしょう。四死球を与えてしまったといき、しかし杉内は、「気持ちを切り替えて、チームが勝つことを考えよう」としたといいます。そして、次のバッターを三振に仕留めて、完全試合ではありませんが、ノーヒットノーランという凄い記録をつくったのでした。

バッターを出塁させてしまった！　しかし、自分の記録よりチームの勝利を考えることで、杉内は頂上に登りつきました。

気持ちの切り替えこそ、「成功」へのパスポートになることを、しっかりと覚えておいて下さい。

それは、心にゆとりを持つことであります。大きくなろうとする自分を、すっぽりと包み込んで肯定できるほどに、我が心は無限なのだと感じることができる、それが「ゆとりの心」でありましょう。

「自分は宇宙の中にあり、宇宙は自分の中にある」

人の心は仏さまそのもの。これは、自分で見えない、数えられないものだから、じつは最も勝れたものであると、お大師さまは文章の行間で伝えるのです。

★心に自分の「敵」を作っては、最後の胸突き八丁は越えられないよ

お大師さまは「極無自性心」の冒頭で教えます。

「近くて見難きは我が心、

細にして空に遍きは我が仏なり」

とても、有名な句なので、ぜひ声を出して唱えて覚えて下さい。

見えるものには限界があり、人間の努力によって、これを把握したり、手に入れたり、解決することができるけれど、見えないものには、不思議な力がある、というわけです。

「奇哉の奇、絶中の絶なるは、それ只自心の仏か」

不思議中の不思議、すぐれた中にもすぐれたものは、ただ自らの心の仏であることよと、お大師さまは話されます。不思議のなかの不思議、すぐれた中にもすぐれたものは、ただ自らの心の仏であるのです。

それほどに偉大な「心」があるのに、気づかずに、自分の心に迷いを持つから、迷いが波立ってしまうのだと、お大師さまは続けます。迷いの波が静まらないから、いつまでたっても自分の心を悟ることができないと、教えます。

悟るという道は、すべて自分の心を知ることに通じています。

我が心がどれほどの力を持っているのか。

心が秘める無限の力を、お大師さまは説きますが、それは、究極の教えで、この九番目の心の住処は、まだ頂上を極めているわけではありません。

人々は、どうしても自分の心をしっかり見ることができないので、迷いから抜け出せない。慈悲ある仏さまは、迷える者たちに、本来の住処へ帰る道を教えている。長い道のりをようやく歩いてきた者たちに用意された休息所が、この九番目の心の住処なのだと、お大師さまは説きます。

休息所から見れば、越えてきた道には岩がころがっていたり、難儀が続きました。これはよい道、これは嫌な道だと思っていては、疲れます。心に自分の「敵」を作っては、最後の胸突き八丁は越えられないよと、お大師さまは教えます。

★「いのち」は個々の「命」を生かし生きるもの

対立を超えることは、独りではないということです。闘う相手、ライバルがいるのです。それは、私たちに、独りぼっちではないと教えてくれていることであります。

地球を生命体とすれば、私たちも山川草木ことごとく地球の一部です。地球という星は生きていますから、その「生命」を共に生きている存在なのです。

生命と書いて「いのち」と読んでいます。私は日頃から、「いのち」と言うときに、「命」という一文字ではなく、生命と書きます。それは、仏さまと同じである「いのち」

は、まさに個々の「命」を生かし生きるものだと考えているからです。

個々の人間も家族も国家も世界も地球も、みなみな絆で結びついているものです。人とは、みなみな見えない絆で結びあって生きています。

好きも嫌いも、いっしょの世界で生きています。好きな人、好きなことだけに囲まれて生きるわけにはいきません。

さて、極無自性心の「隠された教え」では、普賢菩薩が悟った瞑想の世界であり、毘盧遮那如来の覚りの心の一部門だとされます。梵語ではカの文字で表される世界ですが、喜びをもとにした実践であります。

実践の喜びとは、動くこと、働くことから湧き上がる生命力の躍動だと、私はイメージしています。喜びというものは、人に生きる希望を与えます。嬉しい、楽しいと浮き立つ心によって、人は生きる力が湧いてくるのであります。

毘盧遮那仏といえば、日本では「奈良の大仏」を思い浮かべます。密教では、毘盧遮那仏は大日如来のことであります。毘盧遮那とはサンスクリット語の「ヴァイローチャナ」の音訳で「光明遍照」を意味しています。

奈良の東大寺は、聖武天皇によって、天平時代に創建されました。七五二年四月に「大仏開眼供養会」が盛大に厳修されました。現代のスカイツリー開業どころの騒ぎではありません。国家を挙げた行事だったのです。

八一〇年、お大師さまが、東大寺の別当になりました。東大寺では、いまでもお大師さまが唐から持ち帰った密教経典を読み上げます。ご縁の深い寺であります。

この住心は、華厳経の教えがことごとくおさめられている、といわれます。『華厳経』は、毘盧遮那仏が初めて悟られたときにもろもろの菩薩にこのお話を説いたものです。生命のありようが説かれています。

生命というものは、あらゆるものが互いに存在し、溶け合っています。一つ一つのものでありながら、全体として大きな一つでもあるということを、悟ったのです。

しかし、悟ったからといって、それが終着点ではなくて、仏さまの世界の住人となるはじまりなのだと、説いているのです。

人々の能力に応じて法を説く仏のことを大日如来だとします。

★他人の喜びをわが喜びとすることで、自分の喜びが増す

『華厳経』ではこの如来を「釈迦」、あるいは「毘盧遮那」と名付けています。方便をも

ちいて真理を説き、人々を救済して仏となった方であります。

「ウソも方便」というように使われますが、方便とはもともとは良い意味の言葉です。それぞれの個性に合った説法によって、その人の屈託を癒すのが、ほんとうの救済です。

マニュアル通りに対応しても、人間は一人ひとりすべて気持ちが違います。理解の仕方も違います。御仏の言葉は、ときに違う表現もします。正反対の言葉を使っても、相手の受け止め方が違えば、結果は同じになるのです。そして、相手と同等の身となって教えを説く仏も大日如来と名付けられます。

あるときは大きく小さく、粗く細かく、あるいは同じ立場に立って、御仏は私たちを導いて下さっているのです。

大日如来は、法然として、あるがままの姿を現しているのに、これを受け止める衆生の状態によって、見えたり見えなかったりします。

見えない人には、少しでも如来に近づけるよう、眼鏡を貸してあげましょうと、菩薩たちがそれぞれの修行によって得たパワーによって、助けて下さっているのです。菩薩も如来の化身ですから、これもまた如来のはたらきになるのです。それが、随縁であります。

そのような縦横無尽のはたらきを、お大師さまは「法然随縁」という言葉で語っておられるのです。

あるがままに、そしてさまざまな縁によって、大日如来はさまざまなはたらきをしておられるのだと、教えています。

対立し、争っているとき、私たちの心は少しも喜びません。

スポーツは、闘いではないかと考える人もいましょうが、スポーツの闘いとは、じつは自分自身との闘いであります。人が人を殺すことを目的にした戦争ではないのです。

勝利を目指して、他のライバルと闘っているかのように見えますが、じつは自分との闘いであります。心の中で、さまざまなことと闘います。

私たちが決断するとき、必ずしも道は一つではありません。どれを取るか、ほんとうに迷うことがありましょう。これまでの歴史を見ても、他を喜ばせる決断をした者が結果として道を切り開くことに成功してきました。

他を喜ばせるということは、他を生かすことであります。これがなぜ極無自性心なのでありましょうか。自分とは無限の大きさを持っているものなのでありますから、他人を生かしても、消えてしまうわけではありません。

他人の喜びをわが喜びとすることによって、自分の喜びが増す、つまりはそれまで自分の限界と思っていた部分が拡大するのであります。

★ほんとうの心とは、異なったものを受け容れる無限の大きさがある

対立することは、凹むことであります。イヤな奴だと思って避けようとすれば、行動が制限されます。ともに喜ぶことができると、この凹みが平らになったり、膨らんだりするのであります。凹んでいては受け止められない霊力も、アンテナが突出すれば感応できるというものであります。

もともと宗教とは、人間があって成り立つものであります。生きとし生けるものに生命がある、ということは、人間がそう考えるからだ、という言い方もできるのです。人間そのものを否定したのでは、宗教は成り立ちません。

性というものが、人間の根源的な部分であるなら、これを否定したのでは、教えが成り立ちません。男女の性というものは、愛憎のもとにもなり、苦しみのもとともなりますが、人間讃歌の源であります。男だけ、女だけの世界、あるいは性を否定した観念では人間を理解できないのであります。

対立したり、敵対するのは、心が狭いからであります。他の人の考えや感情を受け止め

られないから、受け容れられないから、対立するのです。自分を守ろうとして、心を閉ざしたり、相手を攻撃したりするのです。

ほんとうの心とは、異なったものを受け容れる無限の大きさがあるのだと、お大師さまは教えているのだと、私はこの「極無自性心」をとらえています。

お経を読んだり聞いたりするだけで、どうして功徳があるものか、と不思議に思う方もおられましょう。前にもお話したことと思いますが、人間が発する音そのものが、霊力の表れであります。それが「秘密の教え」であり、真言なのです。

巻九で、お大師さまは「オン」の梵語について教えておられます。「ン」は「ム」との間の発音になりましょう、これはじつは三つの文字を一つにした梵字です。「オ」はアとウが合わさったもので、「ア」とは覚りを求める心を意味します。同時に真理の教えであり、教えの結果であり、変わることのない本質がこの一文字に込められております。「阿字のふるさと」のアですね。

「ウ」とは菩薩として修行した結果の仏身であり、さらに迷える者たちを救うために姿を変えて表れた仏身が、「ム」または「ン」なのです。「オン」と発声することは、究極の覚りに通じる回路を開くことになるのです。

★慈愛が智慧をたすけ、智慧を慈愛が潤す

人間とは、ただ肉体があるだけの存在ではなく、永遠の生命である霊が仮にこの肉体に宿っているのです。現代医学で身体の仕組みがミクロの世界までわかってきますと、それだけではどうしても解けない働きがあることもわかってきました。

真言が、私たちの身体にどんな働きをしているのか、これまでのところでは解明されてはおりませんが、脳細胞や遺伝子のジャンルでの研究によって、これもまた科学的に証明される日が来ると思います。

真言の表現は、無限にある、とお大師さまは教えます。しかし、その根源をたどっていけば、これは大日如来の「海印三昧王」の真言に行き着くのだ、というのです。

仏身を根源とした名は、そこから流れ出て流転し、世間に流布している言語となる、とお大師さまは説きます。どんな言い方をしても、御仏の言葉であれば、そこに御仏のはたらきが現れます。

「実義を知るを真言と名づけ、根源を知らざるを妄語と名づく。
妄語はすなはち長夜に苦を受け、真言はすなはち苦を抜き薬を与ふ」

偽りの言葉は苦しみのもとであり、ほんとうの言葉とは「苦を抜き薬を与ふ」ものだとお大師さまは教えます。真実の言葉には、すべての生命にたいする慈愛の心があります。

この慈愛が智慧をたすけ、智慧を慈愛が潤すのです。生命の尊厳に対する、敬愛であります。御仏の慈悲、大きな愛、温かさ、明るさを感じさせる言葉に「真実」があるのだと、私は思っています。

毘盧遮那仏の慈悲の心を、いただきましょう。慈悲の心とは、共に楽しむ心ではないか、と私は思います。悲しみを共にする心とは、じつは喜びを共にする心です。誰もが、心に喜びを持ってほしい。それが慈悲の心であります。悲しみを知るから、喜びへと手をさしのべることができるのであります。

慈悲の心は、誰のなかにもあります。これを見つけるために、利己への戒め、利他の教えがあります。

「自執の塵を洗ひ、四量四摂、他利の行を斉（ととの）ふ」

これも、お大師さまの言葉です。

自分への執着、これは心の塵でありますから、よく洗って清め、さらに前もお話いたしました「四量四摂」によって、他人の利益となることを行いましょうと、お大師さまは言っておられます。

お大師さまは、一切の生命に対して計らいのない愛の心をおこすことによって、大いなる慈悲が初めて生じるのだよ、と教えておいでです。

対立したり、敵対するのは、心が狭いからであります。他の人の考えや感情を受け止められないから、受け容れられないから、対立するのです。自分を守ろうとして、心を閉ざしたり、相手を攻撃したりするのです。

ほんとうの心とは、異なったものを受け容れる無限の大きさがあるのだと、お大師さまは教えているのだと、私はこの「極無自性心」をとらえています。

真言が、私たちの身体にどんな働きをしているのか、これまでのところでは解明されてはおりませんが、脳細胞や遺伝子のジャンルでの研究によって、これもまた科学的に証明される日が来ると思います。

★祈りの心をもって日々生きていけば願いを成就できる

こうしたお大師さまの教えから離れますが、「オン」の字が日本語にある位置を占めていることに気づきます。

「御」と書いて「オン」と読む。この接頭語といいますか、これをつけると、相手に対する最上の敬意を表す言葉になりますね。御身、御社、御礼……。「ご」と発音するより、さらに丁重な意志を表すことになります。時には固苦しささえ感じ、あるいは慇懃無礼な表現になりかねません。

丁寧さとは、じつは敬意でありながら、自分と相手との距離を離しておく言葉でもあります。

密教は南インドで生まれたと伝えられます。それで、真言はサンスクリット語ですが、じつは日本語の故郷も南インドにあると説くのは、国語学者の大野晋先生であります。タンボ、アゼ、クロなど稲作をめぐる言葉が、二千年前のタミル語にあると言います。タミル語とは、古代から続くドラヴィダ語の流れの一つであって、タミル人もいます。彼らは、アーリア人に追われて南に移って行った人たちだと聞いたこともありますが、これは専門外のことでよくわかりません。

しかし、大野先生が指摘する言葉の共通点は、なるほどとうなずけるものばかりです。鉄や機織などの言葉も、共通点が多いそうで、なによりＤＮＡをたどって過去にさかのぼると、日本人の多くはシベリアのバイカル湖付近からやってきたとされますが、一部は南インドからきたと考えられるという説を聞いたこともあります。遠く、船に乗った古代人がさまざまな文明を運んで、この日本列島にやってきたのです。

ちなみに、サンスクリット語と五十音との関わりもあるとのこと、お大師さまの学んだ軌跡に思いがいたります。

いずれにしても、お大師さまの教えは「言葉」と「実践」に尽きましょう。その言葉が、危機に立たされているのではないかと、私は危惧しています。

日本の政治家が、「言葉」をもて遊ぶようになったと、私は感じています。実現が難しいことを、いとも簡単に約束してしまう。そこから混乱が始まり、物事を複雑にしているのが、ここ何年もの日本の政治です。「不言実行」であれとは申しません。しかし、実行力をともなわない言葉によって、政治は迷走しているのです。

また、国際化とやらで、日本の企業でも英語で会議を開いたりするところが話題になっています。

そうした交流に問題があるのではなく、真実のこもらない言葉の横行が心配なのであります。振り込め詐欺の根底には、親子や兄弟で言葉を交わす機会が少なくなったことがあります。日常的に言葉を交わしていれば、間違いは少ないはずだと、私は信じています。

言葉に心を乗せて、届けましょう。それが、心のはたらきであります。心には力があります。その力は、祈りによって育てられます。祈りの心をもって、日々を生きていけば、必ずや、「一瞬の油断」をせずに願いを成就できましょう。

生きることは動くこと。生きることは他のために尽力することであります。よりよい明日を、自分だけではなく、身近な人から世界の人々へと思いを広げていくことが、心のステップアップにつながります。

他人の言葉に惑わされてはなりません。しかし、他人との間に壁を造ってもならないのであります。

この矛盾しているように思える二つのことが、同じことを説いているのだと、胸にストンと納まるとき、巻九を卒業して、いよいよ最終章のページを開くことができるのです。

巻十「秘密荘厳心」

宝の庫の扉が開いたとき、思いもよらない我が心の大きさを知る

★密教は肯定の教え、捨てずに生かす教え

この頃は、「いつものやり方だから」という言葉が通用しなくなったように思います。日本が、世界が、いつからこのように激しく変わってきてしまっているのでしょうか。「十年一日のように」同じことを繰り返す。そこから教えられるものは多々あるのですが、同じことを繰り返そうと思っていても、同じことをみつけるのが難しい、そんな世の中になってしまいました。

生活の変化は、社会の変革だけでなく、大事件や自然災害など突然の厄災によるものが、少なくありません。

「九・一一」の同時多発テロによって、世界の戦争は国家と国家だけでなく、国際的なテロ組織との闘いという新しい形が生まれました。いまでは、インターネットからの呼びかけによって大勢の人がデモに参加し、中東では反政府デモから政府が次々に倒れていきました。

ヨーロッパでは、ギリシャにはじまった金融不安が、その後の危機の引き金になりました。これも、ユーロという、国の枠組みを越えた連携によって生じた危機といえるでしょ

う。

日本では「三・一一」、東日本大震災と巨大津波、原発の爆発が転換点でありました。そのような大きな流ればかりではありません。ついこの間まで、あの店で売っていた商品がない。商品の管理情報が、ＩＴによって素早く作る側に伝わるので、売れない品はすぐに撤去してしまうケースが増えたのです。

変化することは、悪いことではありませんが、「改悪」という言葉があるように、残しておくこともまた大切です。

断捨離という言葉が流行していますが、これなども激しい変化の時代だからこその言葉でありましょう。断つ、捨てる、離れる。しかし、これは感情が伴いますと、なかなか難しいもので、まして近年の日本のようにモノに溢れていますと、どれもこれも、まだ使える状態で処分することに抵抗を感じるのが人情であります。そうしてとっておくと、家の中はモノだらけ、このごろ社会問題化している「ゴミ屋敷」は、このような時代の象徴でもあると思っています。

もろもろ全ては、仏さまのメッセージでありますから、モノを大切にする心を、もう一度見つめなおしてみたいと思っています。

密教は、肯定の教えです。捨てずに生かす教えであります。モノを大切に思うには、まずは心を大切にしているかどうかを考えるところから、スタートラインに立つことがよいでしょう。

★「生病老死」の四つの苦しみをどうしたら癒すことができるのか

生命は変化するものであります。その変化によって、人間は四つの苦が根底にあると、仏教では教えます。四苦八苦と申しますが、その四つの苦が、生命のリスクといいますか、生きることと背中合わせについてまわるもので、ここの苦しみを、どうしたら癒すことができるのかという教えなのです。

「生老病死」がこの四つの苦です。生きることも老いることも病むことも死ぬことも、この世に生まれてきた生命にとっては、消したりそぎ落としたりすることはできないものです。

生命は、この世では後戻りできません。生まれたときから死に向かって、前へ、前へと進むように作られているのです。一瞬も留まっていることはありません。動いているのです。

生きることは、動くこと。肉体を動かし、心を動かし、思いを動かします。動かしすぎれば暴走し、足りなければ滞ります。その調和を知ることが、生きていくことなのです。この世の生命は、いつか老います。病は肉体を苦しめ、心を苦しめ、愛する者たちを苦しめます。そして、死は、すべての生命に平等にやってくるものです。

死は、宇宙の法則によるものです。すべての生命が、この世にピリオドを打つというのに、死に急ぎ、あるいは殺してしまうのでしょうか。

死を知らなければ、生も知りません。苦しいけれど、死を学んで、人は育ちます。

生老病死という、人間には根源的な苦しみの四つの中で、生まれてくること、老いること、死ぬことの三つは、どうしても避けては通れません。ただ、病気になるという苦しみを体験せずに亡くなる人もいます。病気もせずに元気なお年寄りの姿が、テレビなどで紹介されますね。そして、あるとき眠るように大往生を遂げた、などという人は四苦ではない三苦を背負って生きたことになります。

そのような健康に恵まれた幸運な人ではなく、ほとんどの人は病気になるのです。しかし、病こそは四つの「生命のリスク」のなかで、人間が人間を癒すことができるもの、医療が存在する原点なのです。

どんな病気でも苦しいものです。その苦しみを癒すことは、仏さまの道を歩く者の務めだと、お大師さまは教えました。私が、どうしても医療との関わりから離れられないのは、お大師さまのこの教えがあるからです。

★心の有り様を変えていくことで抜け出すことができる

さて、お大師さまは、病気の原因は無数にありますが、「身体の病」と「心の病」とに分けられると教えました。ここで「心の病」というのは、現代の神経の分野の病気ではなく、原因がはっきりわからないものとでもいうべきものです。魂が病んでいるということであります。

心の病気の原因はただ一つ「無明」であると言います。煩悩に苦しんで真っ暗な闇を彷徨っている状態が「無明」、暗い状態です。煩悩は、誰もが持っているものです。しかし、煩悩の持ち方を間違えると、病気になるのだと、お大師さまは教えるのです。

煩悩を病気のもとにしてしまうのは、「もっと、もっとと貪る心」「自分の思い通りにならないと怒る心」「自分の思いがどのようなものなのかもわからない愚かさ」の三つだと教えてくれるのです。この病を治すには、真言を唱えて瞑想し仏の教えを学ぶことだ、と説きました。煩悩の数だけ覚りが得られる。そうも教えます。

煩悩とは、生命力の変形でもあります。これを悪玉だと糾弾して消し去ろうとすると、そのこだわりがかえって煩悩のもとになります。欲望が心に芽生えたら、その欲望を受け入れて、よくよく見極める心を鍛えます。欲望が、自分の心の器より大きくなるから暴れていると感じますが、心の器をもっと大きくすれば、欲望はすこしも邪魔にはなりません、わが心に納まって、かえって生きる原動力となるものです。

病気のこと一つとっても、そこには闇から明るい世界への道があります。『十住心論』は、いつ、どのような状態にも存在する人間の心の有り様です。そして、別の解決法があるわけではない、心の有り様を変えていくことによって抜け出すことができると、お大師さまは教えるのです。

すべては「背暗向明」というキーワードにあるのです。朝、暗い気持ちが心を覆っていたら、これに背を向けて笑顔で「おはよう！」と言ってみましょう。独り暮らしなら、鏡に写る自分に明るい笑顔を向けてもよいのです。

昇る朝日に向かって合掌する習慣をつけてもいいですね。そのときには、どうぞ「オンアボギャベイロシャノウ　マカボダラ　マニハンドマ　ジンバラハラバリ　タヤウン」

と、光明真言を称えてみて下さい。続けていれば、きっとよい方向に向かいましょう。

★人間は誰もが大日如来から分けていただいた「超能力」を持っている

この巻十は、真言の力を説いた教えです。真言がもたらす力は、無限のものであり、それが教えの秘密なのであります。

生命とはこの世で悟りの世界を得ることができるほど、無限の力を持っているものであり、そのことを教えるのが、真言密教なのだと、お大師さまは説きます。これまで十に分けて住心を述べてきたのは、すべて第十番目の真言密教の教えをより深く知るための、予習だったと、お大師さまは教えているのです。

宇宙の森羅万象は、すべてわが身のことであり、阿字などの梵字にはそれぞれに意味があり、刀剣や金剛杵などの仏具はみな不思議な力があると、お大師さまはここで教えておられます。

お大師さまの教えにしたがえば、超能力という考え方そのものが、間違っています。どんな能力も、これは大日如来から人間が分けていただいたもので、これを超えるものではありません。スプーンを曲げるのも、病気を癒すのも、もともと人間に備わった能力なのです。

梵字にさまざまな現象が込められているように、仏像や仏具の刀剣や金剛杵が不思議な力を備えているように、私たち人間には不思議な能力がたくさん備わっていることを、まずは知ってほしいのです。

「そんなことがあるはずはない」と、こうした能力を否定してしまいますと、たとえば、かつてのオウム教団のように、不思議な現象を演出しただけで、迷っている心は捕えられてしまうのです。

人間は誰もが「超能力」を持っている、ただこれを発見して開発しないだけだという認識があれば、このような演出にまどわされずに、偽りの教えを見抜く力を磨くことができるでしょう。

不思議な現象と言いましても、かならずしも劇的な奇蹟ばかりが出現するわけではありません。しかし、目に見えない奇蹟は祈りによっていつも出現しているのです。ただ、あまりにさりげなく現れるものだから、私たちはなかなか気づかないのです。

★苦しみは、じつは御仏の世界に導く祈りの種

私の行者としての人生は、まさにお大師さまのお教えに従って、身口意を、より動かし、より磨くことの積み重ねです。

何といっても、私の実践は「行」につきます。祈りとは、行そのものです。日々の祈りが「つながる」と、亡き母は私に教えました。毎日、行をしていますが、その行を、昨日から明日へと時を紡ぐようにして重ねなさい、という教えです。

一回終えたら、「あぁ、済んだぞ」と、気を緩めてはならない、そこで感得した御仏の力をしっかり持っていて、次の行の力とせよということだと、いまの私にはよくわかります。行とは継続することによって、さらに大きな力を持ちます。

行を終えたら、解放感ではなく充足感が得られるのです。その満たされた心が、御仏と一体になって、苦しむ方々に生きる力を分かち、癒やして、その喜びが、また私の喜びとなって還ってくるのです。

いつしか私にとって、行を終えた瞬間の満たされた気持が、次の行につながって、私と御仏とを結ぶ絆が、強くしなやかに編まれていっているのだと、実感するようになってい

ました。

あきらめない。あきない。あおらない。

私は、寺においでになって、私とともに行に参加される人たちに、そう説きます。心の力が育つのです。

苦しみがあるから、これを取り除きたいと御仏に祈ります。苦しみは、じつは御仏の世界に導く、祈りの種でもあるのです。私は、それを「四苦八苦は御仏の贈り物」だと、説くのです。

現代日本の問題点は、苦しみを避けようとする傾向から生じるのではないかと、私は考えています。

護摩行は苦しみの中から、御仏との一体感を得ていくものです。成満したときの喜び、充足感が、さらなる精進につながっていきます。

人生も同じことで、苦しいことがあったら逃げないで、向き合う心の力を養います。スポーツでも勉強でも、最も苦しいところを克服することを学べば、あとは楽になるのと同じことです。

★心とは本当の自分が住む場所

お大師さまは、初めて密教の根本経典である『大日経』に出会って、日本では誰にも教えを乞うことができないと知って、唐にわたりました。

長い困難な旅を経て、ようやく長安の青龍寺を訪ねて、恵果和尚（かしょう）と出会いました。このとき、和尚（かしょう）が間もなく入滅されるとは、お大師さまはおわかりではなかったと思います。

しかし、和尚（かしょう）はきっとわかっておいでだったのでしょう。そして、東の国から海を渡ってやってくる青年が、密教の教えを託すに足る人物だということ、中国では密教がまもなく排斥されるようになるだろうということも承知して、密教のすべてを短い時間で教えわたしました。

それから千二百年、教えはぶれることなく日本で開花しています。

心とはなにか。このテーマこそは、お大師さまが『十住心論』で、繰り返し繰り返し説いたものであります。

「心」という言葉を、あの時代に、これほど使って説いた宗教家がほかにいたでしょうか。お大師さまにとって、心とは仏さまが住まう宮殿でありました。

私たちは、本来はみな仏さまでありますから、心こそ、本当の自分が住む場所なのだと、知っていただきたいのです。

しかし、その場所は掃除が足りなくて、ホコリだらけなら、居心地はよくありません。イライラしたり、ホコリを見ないふりをして無気力になったりします。土足で上がっても何とも思わない乱暴な気持にもなります。

そこから、一つ一つ、ここに気をつけて動いてごらん、こうしてごらんと、お大師さまが方法を教えて下さるのが、この『十住心論』という心のガイドブックであります。

★生命、宇宙の本当の姿を理解することで仏さまの世界にたどり着ける

闇にさまよう「異生羝羊心」から、段々進んで、とうとう最終地点に到着しました。そこには、明るい光にあふれた住まいがありました。

「暗きに背いて明に向かう」と、この巻で、お大師さまは「背暗向明」の教えを説きました。最後の巻十「秘密荘厳心」こそが、真言密教、お大師さまが衆生に教えたかったことであります。

毎日平穏に暮らすことができる。これだけでも、じつは幸せなことです。家族が仲良く

暮らすのも、幸せです。健康に暮らせることも幸せなこと、日常を日常として暮らすことができるのは、じつはとても幸せなことだと、知っていますか。

朝、気持ち良く目が覚めるのは、健康のあかしです。「あー、気分がいいなあ」と、思わず感じます。それが、あるがままの心であります。

覚りとは何かといえば、ありのままの自分の心を知ることだ、というのです。

しかし、笑顔ではじめた一日を笑顔で「ありがとう」と合掌して床に就く。こんな毎日を送れている人がどれほどいましょうか。みな、一日のうちに怒ったり、怨んだり、妬んだり、あるいは自慢してみたり、グチったりして、せっかくの笑顔を忘れてしまいます。

一日のうちに『十住心論』の下から上まで体験しながら、またやり直しを繰り返します。いつまで経っても、頂上へはたどりつけないというのでしょうか。

そうではない、生命というもの、宇宙というものの本当の姿を理解することによって、仏さまの世界にたどり着くことができるよと、お大師さまは教えています。

それは、宝の庫の扉が開いたとき、思いも寄らない我が心の大きさを知ったときでありますｏ そこにいたるまでの九段階で、どれほど想像していても、及ばないほどの世界だと、お大師さまは説いています。私が、ここでお話していても、その世界をそのままお伝えすることはできません。一人ひとりの心が、到達したときに、初めて本当の姿を知るのです。

特別の人だけが知ることができるわけではないと、お大師さまは教えます。行によって、生命が持つ無限の力を授かることができると、密教は教えます。無限の力とは、思いもよらないことを実現することができる力だとされます。しかし、そのことだけが密教の教えではありません。仏さまと一体になることは、心身霊性のすべてが仏と成ることであります。

宗教は心の領域で、見えません。人間は弱い精神を持っていると、どうしても甘言に乗せられて、振り回されてしまうのです。ニセモノを、どうやって見分けるのか。さまざまなチェックが必要ですが、なにより一人ひとりの心の眼を養うことこそ、災難を避ける最良の方法です。

★身体を動かし、考え、心を動かして初めて生命は輝く

祈りは、願いを叶えるだけでなく、厄災から身を守る最大の「武器」でもあります。行者はいつも死を覚悟しながら祈って、加持を受ける信者さんを守ります。そのことを知っ

ていただくだけで、騙されたり、迷わされたりしなくなりましょう。

私の寺では鹿児島でも江ノ島でも、護摩行のときには信者さんも共に全身全霊で祈ります。最後に願いを書いた護摩木を、自分の手で炎に投げ入れます。声を張り上げて、二時間も真言を唱え、『般若心経』を唱えるのは、並大抵の覚悟ではできません。

しかし、それでも何度もお参りされる心こそ、ご自分で感得した「法悦」を知ったからだと思っています。

心身が満ちた、その気持ちを、ほかの人に惜しみなく分けてあげて下さい。そうすれば幸せはもっと大きくなるのです。

行者は行という使命を全力で果たします。それぞれの人がそれぞれの使命に全力で尽くすことこそ、祈りの原点なのです。

超能力や加持祈祷については、なんの根拠もないから信じられないことだ、と言う人は少なくありません。あるいは、このような非科学的なことを語っていたのでは、オウム事件のようなことが起きてしまうと危惧する方もいます。

いま、そのような時期だからこそ、私はお大師さまが伝えた正統密教の教えの神髄を、きちんと伝えておきたいのです。

超能力というから、おかしなことになりますが、私たち人間には、もともと無限の能力が備わっています。手を当てたら病気が治った、祈り続けたら悩みごとが解消した、という事実は、私たちの能力の中から生まれたものであって、不思議な異様なことではない、という認識をもっと多くの人たちが持ってくれたらよいのに、と思います。

誰もが持っている能力を、どう開発するのか、生命を磨くのですから、これを粗末にしたのでは、決して能力は高まりません。私はオウムの信者たちが、間違った道から早く抜け出してくれたらよい、と祈っています。

誰かが自分の能力を高めてくれると思っているうちは、決してほんとうの生命の手応えを知ることはできません。

身体を動かし、考え、心を動かして、初めて生命は輝くのです。

あのオウム真理教団の人たちは、心も身体も動かさずに「修行」と称したことを繰り返していたのです。人を殺してでも、自分たちの「野望」を叶えようとする闇を心に抱いているのでは、光明の世界に行き着くことはかないません。

★先祖供養とは先祖が伝える旅の道しるべを教えていただくこと

ほんとうの密教の修行は、三密修行にはじまり、これにつきます。すべては、自らの身口意を清める三密修行の奥義をきわめることが、生命を知ることになるのです。

身＝体力をつけ、口＝思考を正しく、意＝心を正しく保つこと。この三つのバランスがとれてこそ、生命は全うされるのです。

身体を動かす、つまりは筋肉を動かすとインパルス（電流）が発生して大脳の運動野に伝わり、ニューロン（神経細胞）のはたらきを活発にさせる、という身体の仕組みがありますが、これによって脳に血液が多量に送り込まれます。

行は、身体を極限まで使うことによって脳細胞を活性化させるのです。

行者が厳しい行を続けますと、脳は活発に動きます。内臓にも大きな刺激を与えて、眠くならない、思考が冴えわたります。若い頃には、私は自分の頭が狂ったのではないかと思うほど、脳がめまぐるしく回転しました。日頃から体力、気力を鍛えておきませんと、行によってアンバランスになる脳と体のはたらきが崩れます。

右脳、左脳、あらゆる脳の部分を使いなさい、というのが現代語になおした「実践」の教えであろうと、私は受け止めています。

密教は行をしなければ、行わなければ真実のことはわからない、お大師さまの教えはまさに、このＤＮＡ情報の庫を開ける教えなのですね。私たち行者が厳しい行をしますのは、庫の扉が固く閉じられてしまって、生命のすすむ道に迷っている人たちに、扉を開くお手伝いをするためなのです。

迷っている人は、行者がこの扉だと教えたら、自分の手で扉を開けるのです。開けるために、わが心のカギ穴をきちんと確かめておかねばなりません。煩悩でカギ穴がふさがれていたのでは、私ども行者がいかにお手伝いしようとも、難しいものがあります。

どうすれば、「秘密の扉」を開くことができるのでしょうか。煩悩でカギ穴をふさがないために、私たちは生命の旅を続けます。それは未来に向かっているのと同時に、過去への旅でもあります。ＤＮＡが持つ情報とは先祖がたどった生命の旅でした。先祖供養とは、先祖が伝える旅の道しるべを教えていただくことなのです。

祈りによって、心に喜びが満ちる。その瞬間が、御仏と一体になった歓喜の心であると、私は思っています。

★本当の生命に触れるということ

百万枚護摩行が、いよいよ結願の日。三メートル近くなった炎が最後の輝きを増したとき、護摩壇の上は七色の光に包まれました。私は、その向こうに、慈愛に満ちたお顔でこちらに近づいてくる大日如来のお姿を、ハッキリと認識したのです。宇宙の根幹から響くような我と我が声を聞いた、と思った瞬間、私は我に返りました。気がつけば、もう祈願札はなく、ついに成満を果たしたのでした。

本当の生命に触れた、と私は思いました。その瞬間に、私は初めて行を知り、祈りを知ったような清清しい気持になったのでした。

行とは、他人の苦しみを知るためだけのものではない。この世にあって、この世を超えた空間の境界に触れ、大いなる生命に包まれる至福を知ることであり、湧き上がる喜びに心身が満たされることだと、知ったのです。

成満は、私の力ではありません。お不動さまに励まされ、御仏から祝福を受けた結果でした。すべて御仏の導きとご縁によるものだと、思えるようになりました。

この大行に挑んだことで、私は自分たち人間の卑小なこと、我が身が御仏に遥かに及ばない存在であることを、いまさらながら思い知らされました。百万枚護摩行とは、御仏の領域に属する営みであって、我々人間の尺度をあてはめることは意味がないと、思うようになっていたのです。瞬間的に感じられる、この本心こそが生命本来の姿なのです。あるがままの心です。

ほんとうの「成仏」とは、煩悩によって本心を乱すことのない状態であり、そうなれば我が身におわす菩薩たちの慈悲と智慧とを感じ取ることができるのであります。

本当の生命を表現できるような状態になれば、宇宙の生命そのものである大日如来の大いなる生命力を感応できるのですから、無限の可能性を受け取ることができるのです。

密教以外の仏教の教えは塵を払うだけであるが、真言密教は宇宙の庫の扉を開く教えなのだと、お大師さまは教えます。

密教の重要な護摩行は火を焚きます。火を中心にした宗教儀式は、インドの古代からありました。紀元前千五百年前ごろからインドに侵入して先住民族を征服したり同化しながら、住み着いたアーリア民族が、ホーマという儀式を行っていました。バラモンはこの儀式を執り行う役目を持った人たちだったのです。

護摩行は、三毒を焼き、身を清めます。火を焚く炉は、きちんと掃除をしなければ、火は不完全燃焼して黒いススだけが残ります。私たちが心に本来持っている火が燃え盛るために、心という「炉」を掃除しておかねば生命の火を燃やすことはできないのです。

護摩の火は、心を照らす灯りです。そう、火は灯りなのです。

行は、生命の再生なのだ、と思います。

行によって、絞っても絞っても吹き出る汗は、この世に生きる苦しみや辛さを身体から運び出してくれます。その汗は、吹き出たとたんにお不動さまの灼熱の炎で気化してしまいます。苦しみと汗とが、体内の「死」を昇華してくれます。

行者は、厳しい行によって瞬間ごとにくりかえされる「死」と「生」の再生を体験します。すべての細胞のはたらきが停止したかと思う「死」の瞬間、しかし無我のなかで仏さまと一体になる歓喜が押し寄せます。

ハッと我に返るとき、身体のすみずみまで細胞がよみがえり、よみがえった細胞によって元気な生命力を感じます。

★行によって得た仏性を分かち合って安心の道を開いていく

行によって得た御仏の力を、苦しむ人たちに分かち、救うのが、加持です。

加持は「事」に属します。

印を組み、真言を唱え、ご本尊を念じる身口意に行の真髄があり、そこで得た「同悲」の心、仏の力をいただいた充足感、これを分かち合って人々を救うのが加持の本来の在り方です。行とは苦しみを超えて得る大いなる歓喜の世界であり、行によって得た仏性を、多くの人々のために分かち合って安心への道を開いていくのが、お大師さまの教えです。

加持は、究極の「衆生救済」であろうと思っています。行者が「即身成仏」することによって、仏さまと一体に成り、その生命力を「加」とし、これを受けるものが「持」するのです。

こうした教えが、『十住心論』の行き着くところであります。

「これまで説いてきた九つの住心はみなそれ自体の性をもたない。すべては深くして妙なる第十番目の秘密荘厳心に移るべきものだから、いってみればこれらは第十住心の因である。真言密教は法身大日如来の説」なのだと、お大師さまは、巻十をこのように書きはじめています。

動くこと、行動すること。それは現代にもっとも欠けていることではないでしょうか。

人が動けば、これは「働く」という文字になります。はたらくというのは、はたをらくにさせること、人の心をもって動くことは、我が身のことではない、人のために動くことであります。

そう考えていきますと、動物ではなく人として生まれた生命の使命とは、他のものの手助けをすることができる能力を御仏から授かったということなのだ、と気づきます。

文字を考えた人が、どうして人が動くことを働くとしたのか、いまとなっては正確なことはわかりませんが、ただ動くのと、働くのとでは、内容も結果も違っていたからにほかなりません。

互いに人のために動いて、そこに人と人とが共存できる社会が成り立つのです。

動くということは、ただ身体が動くのだけではありません。

口が動けば、言葉となります。意志が動けば、感動が生まれます。

感動を言葉と行動で伝えて、初めて人は他人に自分の意志を伝えることができるのでありましょう。

★その一瞬を見失わないために、全力を挙げて生きよう

心を動かしますと、相手のことを思いめぐらすことができるのですが、心を動かさずに

いますと、自分の狭い判断だけでものごとを決めつけることが多くなります。狭い心は、とかくマイナス思考を生みやすいものです。

喜怒哀楽。感情の表現は、じつは生命の表現であります。生命が幼ければ、喜怒哀楽の表現も幼いものになります。自分の喜怒哀楽だけを表して、相手にどう伝わるのかがわかりません。

お大師さまの『十住心論』は、一面で、人間の発育の状態を物語っているとする仏教学者もおります。

生まれたままの、生きる意志だけで動くとき、その結果がどんなことになるのかを異生羝羊心で教えます。人としての動きにいたっていない状態ともいえます。

愚童持斎心、自らの動きではなく他の動きによって、啓発される状態ですね。

嬰童無畏心、心の殻が動いて、生命の真の姿がかいま見えたとき、でしょう。

唯蘊無我心、ここから信仰の道に、自ら行動をはじめるのです。

抜業因種心、他縁大乗心、覚心不生心、如実一乗心、極無自性心と、心を動かし、考えをめぐらせながら、教えの道を進んでくるのであります。

こうして、私がお話していることを、段階をすすんで理解しておられるでしょうが、しかし、肝心なことが抜けている、それがなければ、教えを受けたことは無いのと同じだというのが、第十の秘密荘厳心の教えなのです。それは「実践の教え」にほかならない、と私は信じています。

毎日は同じことの繰り返しのようですが、同じ日は二度とやってはきません。一期一会こそ、生命というものの本当の姿なのです。

その一瞬を見失わないために、全力を挙げて生きようと、お大師さまは時代を超えて私たちを励まして下さるのです。

「自分は宇宙の中にあり、宇宙は自分の中にある」

『般若心経』は、偉大な真言だと、お大師さまは説きました。「ア」「オン」という音がなぜ生命に響くのか。これこそ、実践が答えを教えてくれると信じています。

闇を見るところから明るい明日への道が開ける

★お大師さまの文章の響きが胸に届けば、仏への道が通じる

『十住心論』をめぐるお話も、とうとう最後になりました。

千二百年も前の、お大師さまの言葉を、教えをなんとか皆様にお伝えしたいと思いながら、ときに教えに入り込みすぎて難しい表現が続いたり、ときに現代にたとえてお大師さまの教えと離れているのではなかと、軌道修正しながら説いてきました。

言葉や音には、宇宙に満ちる生命のエネルギーを伝える力がある、と申してきました。そのエネルギーは、観念的なものではなく、実際に存在するものなのです。

お大師さまは、言葉には響きがあり、その響きが祈りを仏さまに届けるのだと教えました。そうであるなら、私の説く言葉の響きが、皆様の願いを乗せて、仏さまのもとに届いてくれていると、私は信じています。

ときに難解であっても、お大師さまの文章の響きが皆様の胸に届けば、きっと仏さまへの道が通じるのだと信じてきました。

あるいは、現代の諸問題についての話が多ければ、問題の奥にあるお大師さまの教えのエッセンスが皆様の心に響いてくれたと、私は信じながら、お話をしています。

こうしてご一緒にお大師さまの教えに触れる。お大師さまからの生命の波動を受けているのです。

『十住心論』は、闇の中から始まりました。ご自身の心の闇を覗いてみたでしょうか。闇を見るところから、明るい明日への道が開けることを、お大師さまは、この『十住心論』で教え導いていています。

闇に差し込む光が、小さな芽に当たりますと、心の奥に眠っていた慈悲の心が頭をもたげてきます。

自分だけの幸せを願う気持ちが、いつしか周囲の人たちの、社会の、そして見知らぬ世界の人たちの幸せを願う心に大きく成長し、よりよい宇宙の姿を想うようになっていくのです。宇宙への想いは、無限の心に気づかせてくれます。

それが、仏さまの世界にいたる道だと、私は『十住心論』を読んでいます。

★「平和の巡礼」の祈りに神様が応えて下さっている

一人ひとりの心の有り様が成長していく過程は、社会が成長する過程でもあります。国家が成長する過程でもあると、私は信じているのです。社会の十住心論、国家の十住心論、世界の十住心論があってよいのだと、思っているのです。

そうではありませんか。世界を見渡して下さい。アフリカでは、いまも紛争が続いています。くりかえされる内戦、隣国との紛争、部族間の争い……。幼い少年たちが誘拐されて兵士にされてしまう。飢餓が幼い子供たちを死に追いやる。

いまだ、平均寿命が四十歳に満たない国もあると聞いて、私は慄然としました。あるいは、宗教対立や民主化運動にはじまる抗争が、国民を殺戮したり、生活を破壊していきます。

こうした状態は、まさに「異生羝羊心」の世界ではないでしょうか。

いっときの平和が訪れながら、再び緊張が広がってしまう国もあります。あるいは、自分の国の平和だけを考えている国もあります。日本の徳川時代は、まさに声聞縁覚の状態にたとえられるだろうと、私は考えています。

鎖国のことを思えば、我が身だけの幸せを考えていることの不合理がよくわかります。他国との交流を排除したものの、世界は近代化に向かって、さまざまな知識の発展がありました。そうした学問などは網の目をくぐるように日本に入ってきていたのです。

しかし、日本国内でもじつは世界に誇れる研究がずいぶん成果を上げたのですが、鎖国しているうえに、厳しい身分制度に縛られて、広く知られなかったことは残念です。
たとえば医学です。徳川時代には世界的な発見がたくさんありました。華岡青洲が麻酔薬（麻沸湯）を使って全身麻酔を施し、乳がんの摘出手術をしました。有吉佐和子さんの小説で、すっかり有名になりましたが、世界で初めての全身麻酔手術でしたのに、海外には知られることがありませんでした。産科医の賀川玄悦は、独自の鉄製鉗子による分娩法を応用するなど先駆的な発見や試みを実施しています。

国も社会も人間も、そして宇宙も同じことであります。扉を開ければ、必ずや智慧をいただくことができますし、慈悲を分かち合うことができるのです。そのために摩擦が起きるというリスクもありますが、それを超えて手を携えることができる成長があります。

日本は開国によって、世界の国々と交流できるようになりました。しかし、時に戦争をしたり、不協和音を響かせたりすることも多々ありましたが、現代にいたっては世界の貧しい国々を助ける役割を果たせるようにまでなっています。

いま、世界に紛争が頻発しているのは、不安が蔓延しているためであります。どうしたら、平和が訪れるのか。私は毎日祈り続けています。各国を訪れて、努力を続けてもいます。私が「平和の巡礼」をはじめて、そろそろ四世紀になろうとしています。いくつもの出来事があって、祈りに御仏が応えて下さっているのだと、私は受け止めています。

★宗教界からの提言「自然との共生」

平成二十四年六月二日、京都で伝統宗教シンポジウムが開かれました。高野山真言宗と天台宗、神社本庁が合同で開いたものです。真言宗と天台宗とのわだかまりが融けたのは最近のことであります。また、仏教と神道との合同事業など、明治維新の廃仏毀釈政策を思うと、隔世の感であります。

何より、テーマが「宗教と環境——自然と共生」というものでした。

「大震災後の日々はこのことを常に自分たちに問い続けてきた一年であり、宗教者のみならず、全ての人間が今私達を取り巻く自然や文明、この世界の環境そのものといかに向き合って生きていくべきかということを深く問われてきた日々であった」

庄野光昭高野山真言宗宗務総長が、主催者を代表して、冒頭でこう語りました。千年以上の長きに亘って受継いできた智慧と祈りの中に果たすべきヒントを見つけることはできないかと、天台宗、神社本庁とともに、このシンポジウムを開いたのでした。

「環境問題の解決のためには宗教と環境が手を結ばないといけない」と、山本良一東大名誉教授は述べました。

そして、共同提言をまとめたのでした。一部をご紹介しましょう。

「私たちは近代以降の科学技術の急速な革新に物質的に恵まれた日常生活の実現が可能となりました。その結果、現在地球上の資源が枯渇に瀕し、大気汚染が進み、異常気象が常態化する事態を招きつつあります……東日本を襲った大地震、大津波、それに伴う原子力発電所の大事故を経験し、ようやく従来の生活態度を根本的に変革することなくして、私たちに希望ある未来は約束されないと気づきました」

宗教界が、現実社会の大問題を正面から取り上げるに至った危機感が、ここに強く現れています。私は、世紀末からずっとこの危機感を持って、訴えてきていましたので、このほどの三者が合同の提言は、たいへん嬉しいことであります。

「日本人は古来、民族固有の神祇信仰によって、山川草木のいたる処に神々の存在を感じ、自然と共存して豊かな生活を得てまいりました」

提言は、続いて日本に伝統的に根付いていた自然崇敬の暮らしをもう一度、取り戻そうとするよう、「共生」を訴えたのでした。

私は、お大師さまのさまざまな教えに込められた慈悲の温かさにひかれます。

「冬の天に暖なる景(かげ)無くは、梅麦何を以てか花を生(な)さむ」

自然のはたらきは不可思議の力であり、冬の寒さが厳しいほどに春の花は鮮やかに咲くとされますが、お大師さまの詩は厳しい寒さのなかの、ほんの少しの日差しの温もりに視線を向けているのです。

冬の寒さだけでは花が咲かない、むしろわずかな太陽の恵みをより強く感じさせるために厳しい寒さがある、と教えてくれる一節であります。四季を持つ日本ならではの、自然との共生から生まれた教えであります。

★地球再生の曼荼羅が、いま描かれようとしている

密教は自然に満ちているパワーを取り入れて、生きる力を取り戻そうとする教えでありますから、自然の力を大切にします。私の寺は、鹿児島と江ノ島にありますが、どちらも海に臨む地であります。私が帰依していますす真言宗の開祖、弘法大師空海、お大師さまの名の通り、空と海とが一体になった雄大な景観の中に建てました。

日本人は、もともと自然と共に生きてきました。自然と自分と渾然一体になれる、そういう暮らしをしてきたのです。

「法法加持」とは、宇宙のはたらきです。大自然の山川草木、天体の日月星などの運行から蜜蜂が花粉を媒介することによって、花が実を結ぶにいたるまで、加持で成り立っています。

法法加持がスムーズであれば、自然災害に苦しむことも少なくなります。人間の都合ばかりを優先させると、この法法加持がうまくいかなくなります。干ばつ、洪水、津波に地震、火山の噴火……。自然災害は、大地を荒廃させ、人々の心は打ち沈みます。

「法人加持」もあります。自然と人間との加持です。本来は、人間が吐き出す炭酸ガスを植物が吸い、その吐く酸素を人間が吸って生きる、生命の循環です。しかし、ここでも調和が乱れて、人間社会が吐き出す二酸化炭素が地球温暖化の原因となり、いまや南極の氷は音を立てて崩れています。

日本の自然を守るためには、なんといっても森の再生であろうと、私は感じています。戦後の経済成長の陰で、森林保護が後回しにされてきました。日本の国土の約六十八パーセントを森林が占めているというのに、手入れの行き届かない森林が少なくないのです。森林は地球温暖化の防止にたいへん重要な役割を果たしています。

京都議定書では、森林をきちんと整備すれば、「森林吸収」として温室効果を及ぼすガスを減らしたとみなされることになっています。森林を再生して守ることで、日本は地球温暖化に貢献できるのです。

森を再生しようという運動が、すでに広がりを見せています。前にもお話いたしました宮脇昭横浜国大名誉教授は、全国で植樹を行って、森の力を再生する運動を進めていました。森を整えれば、海が甦ります。砂漠化した海岸線を六十年に及ぶマツを主体とした緑化事業、これは国が推進してきたものですが、これによって森が再生してコンブが回復したのが、襟裳岬だそうです。

自然とは不思議なもので、人間が思いつかないものが、役に立つと知りました。これも北海道での試みですが、寿都町はウニやアワビなどの漁業が主力産業でしたが、二十年ほど前から海藻類が育たなくなる「磯焼け」が深刻化していました。原因は、森の荒廃で、樹木が伐採されて、海に鉄分が不足するのだそうです。これは、全国的な現象で、漁業関係者を悩ませています。そこで、鉄鋼スラグという製鉄時にできるもので、これを加工して波打ち際に埋め、海中に鉄分を流し出すというものです。まだ、事業は始まったばかりのようですが、こうして日本中が知恵を出し合い、協力しあって、画期的な取り組みを始めているのだと知りました。

まるで、日本、いや地球再生の曼荼羅がいま描かれようとしているのだと、私は嬉しく見守っています。こうした取り組みにも、地球の、国家の、社会の、そして一人ひとりの十住心の段階が上がっていっているのだと、思うのです。

★一瞬の積み重ねが連続の本質であり、流れの本質

「心続生(しんぞくしょう)の相は諸仏の大秘密なり。我、今ことごとく開示す」

お大師さまが『十住心論』の最終章で説かれた『大日経』の一節であります。

心続生とは、心が続いて生きていると書きます。「心の流れ」と現代の言葉に翻訳されておりますが、たいへん意味深い表現であります。生き続ける心とも読めますし、心が連続して生きている、とも解釈できます。

まさに、一瞬の積み重ねが連続の本質であり、それが流れの本質なのです。

一生とは、一つの呼吸の間だと、お釈迦さまは教えました。私たちの身体は常に生まれ変わっています。細胞が死に、また再生しながら生きているのですから、一呼吸の間に生まれ変わっているという教えは一つの真実です。その積み重ねが人生なのです。

「一期一会」の教えです。

生まれて死んで、生まれて死んで。私たちの生命はいま、この瞬間にも生死を繰り返しながら、永遠へと続いているのであります。

瞬間が、あまりに短いミクロの世界なので私たちにはその生死の実感がないだけですが、身体を構成している細胞を考えてみれば、私のお話も決して荒唐無稽なものとは思われないことでしょう。

顔の皮膚細胞は二十八日で変わると言われます。同じ顔ですが、じつは一カ月前の皮膚ではありません。髪の毛もそうですね。生命の流れが連続しているので、一瞬が連続しているように感じているのです。

「生まれ生まれ生まれ生まれて生のはじめに暗く、死に死に死に死んで死の終りに冥し」

お大師さまは、生きることをこのように説きました。生きる流れがリズムに乗って伝わってくるような響きがあります。いつも、この言葉が私の脳裏を離れません。

★煩悩を知ることが仏さまと出会う第一歩

生まれてくるときの「暗い」は、日偏に音を書きます。明と対になる「暗」です。死の終りにある「冥い」は、冥土の「冥」です。

この二つを書き分けたのは、どうした意味があるというのか。前にもお話したことがありますし、ほかにもそれなりの解釈はありましょうが、私はいつも空を見上げながら、この二つの言葉を思っているのです。それというのも、「暗」と「冥」の間に「十住心」があるのだと、思うからです。

漢字の成立からいえば、「暗」はもともと「闇」と書きました。音は、目に見えないもの、かすかに聞こえるものを意味しています。文化勲章を受けた白川静先生は、編まれた『字統』で、暗と闇について詳しく説いています。

音は「口」の中にものの現れる意を示す、「神の音ない（訪ない）」をいうと言います。神の意思を問い、門前で一生懸命訴えることに対して、神が人知れず現れるものだから、幽暗の意が生まれる。

つまり、暗というのは、神さまが現れる闇のことだというのです。だから、暗愚などという使い方は、神の意思に反した使い方なのだと述べています。日食や月食を表しているともされます。

暗いというのは、神聖な闇のことなのですね。お大師さまのことですから、このような文字の起源については、知っておられたことでしょう。

生命とは、闇から生まれた神、つまりは仏なのだとも言える「暗」の文字です。

そして、冥とは、漢和辞典によれば、遠いとか幽かという意味を持っています。月は十六日目から欠けはじめて見えなくなります。それを日と六との組み合わせで表しているものだというのです。

月は新月から満月にいたり、また欠けていきます。人類は二万五千年も前に、月の満ち欠けを観察していた記録物がありますから、この周期に人生を重ねていたのでしょうか。

闇に迷うことを知る。神聖な闇とはわからずに、迷わせるものは、煩悩です。煩悩を知ることが、仏さまと出会う第一歩、「加持」の源流に触れることなのです。

「煩悩有って、よく解脱のためをもって因縁となる」


（『秘蔵宝鑰』）

私たちは、本来は仏さまから生命を分けていただいてこの世にやってくるのですから、清らかな存在であります。しかし、この世は生きるに厳しく心身の掃除を怠りますと、埃がたまってしまいます。いつしか、自らの埃によって周囲を見る力を失い、迷いの世界に入り込んでしまうのです。

「自心を知るはすなわち仏心を知るなり。仏心を知るはすなわち衆生の心を知るなり」

（『性霊集』）

自分自身を知らずして、我が内におられる仏さまを知ることができるはずはない。その仏さまの心を知ることが、人々の心を知ることなのだ、とお大師さまは教えます。

★お大師さまの「心続生」と重なる『奇跡の脳』

自分が「流れ」だと感じたと書いたのは、ジル・ボルト・テイラー博士、ハーバード大学で研究する科学者です。彼女は三十九歳で、自宅に独りでいるときに脳卒中を起こしました。左脳に出血したのです。専門家ですから、すぐに自分に起きたことを把握しました。「左脳の死」と表現している発病当時の記憶を、後に書いています。そして八年に及ぶ闘病の結果、博士は再起を果たして、再び大学に戻り、自分の体験をまとめました。『奇跡の脳』と題して、日本でも刊行されましたが、脳卒中患者や家族たちに広く読まれています。

「左の方向定位連合野が正常に働かないために、肉体の境界の知覚は、もう皮膚が空気にふれるところで終わらなくなっていました。魔法の壷から解放された、アラビアの精霊になったような感じ。大きな鯨が静かな幸福感で一杯の海を泳いでいくかのように、魂のエネルギーが流れているように思えたのです」

そして、博士は右脳が感じ取るものを、このように延べています。

「右の脳は全体像を感じ取り、自分の周囲や自分の内部のすべてのものは、宇宙という織物に織り込まれたエネルギーの粒子で作られていることを理解しています。あらゆるものがつながっているので、わたしの周りと内側の原子の空間と、あなたの周りと内側の原子との間には、わたしとあなたがどこにいても密接な関係が生じます。エネルギーのレベルでは、もしわたしがあなたを思いやり、好ましい雰囲気を伝え、あなたを精神的な光で包み、あるいはあなたのために祈れば、わたしは意識的に癒やす目的でエネルギーを送っていることになります。あなたのために、あるいはあなたの苦痛を取り去るように祈るとき、わたしという存在のエネルギーを意識的に誘導して、あなたの治療に誘導して、あなたの治療に役立てようとしているのです」

なんと、まるで加持について語っているようではないかと、私は驚きました。

右脳で感じた、宇宙とつながっているエネルギーの「流れ」を実感したのですね。お大師さまが説く「心続生」と重なることではないかとも思います。

そして、左脳のはたらきも語ります。

「左脳マインドは、外の世界と意思を通じ合うための道具（ツール）……人生の荒波を乗り越えることができるし……左脳の言語中枢の『わたしである』ことを示す能力によって、わたしたちは永遠の流れから切り離された、ひとつの独立した存在になります」

その左脳には、自分や他人に対して意地悪になったり、絶え間なく不安にあったり、あるいは、口汚くののしってしまう一部があることに気づいた博士は、この部分を「あえて回復しないようにした」とも言っています。

大いなる努力の結果、博士は社会復帰したばかりか、豊かな心も手に入れました。

「普通では決して本当だなんて思えないようなたくさんのことを、じかに目撃する機会を得たのです」

だから、本のタイトルは『奇跡の脳』であります。

心を育てることとは、成長させたい回路を選び、「それなしに生きたいと思うような回路は意識的に刈り込んで」しまうと言います。感謝して生きることが、育てるための指針だとも繰り返し書いていました。

まるで、お大師さまの教えを現代の科学者の体験と表現で表しているような、博士の闘病記でありました。博士にとって、病気は「行」の始まりだったのだと、私は受け止めました。

★我が身のありようを知ることが覚りを知ること

加持をするために、行者は行を重ねて、生命のアンテナを磨きます。我が生命の宝珠を輝かせれば、そのパワーは生命のネットワークによって、速やかに伝わります。磨いた心で受け止めたパワーほど大きな力を発揮して、瞬時に遠くまで伝わります。

「法力に遠近なし、千里則ち咫尺なり」とお大師さまは教えます。あるいは、「三密加持すれば速疾に顕わる」とも説きました。

加持のパワーは時空を超えて伝わるものだということは、私の長年の実感です。私も遠くにおられる方の悩みを伺いながら、距離に関係なく、お応えできるようです。

いずれにしても、心が動くこと、しかし、心そのものは変わらないものだと、お大師さまは説きました。

「心の流れ」、十住心はその流れの目盛りであります。暗さに背を向けて明るさを求めて行く心の道しるべが、これまで説いてきた十段階の教えだ、というわけです。

それで、最後の巻十に「背暗向明」と教えたのだと思うのです。生まれてきた闇、本当は仏さまが現れるはずの闇なのに、不安を抱いている者は、目先の暗さに不安になって、さまよってしまうのです。

暗いことは悪いことではない、明るい光の存在を教えてくれるものなのだと、お大師さまは大きな問いかけをしています。闇があるから光が見えるのです。

心の状態がだんだん上ってきて、生命が無限であることを知れば本当の覚りを得られ、生命のエネルギーを我が能力として活かすことができるようになるのです。

「即身成仏」、これが密教と他の仏教の教えの大きな違いとされます。「心の流れ」つまりは我が身のありようを知ることが、覚りを知るというのですから、まずは自分の身体を通じて、御仏の教えを感応し、目覚めることを目標に生きていく道を教えているのです。

★教えの言葉の厳しさを感じるほど、込められた慈悲の温かさが伝わる

『十住心論』を、お大師さまは病に喩えて説き始めました。病気という逆境は、どのような心で受け止めるかによって、不安に苛まれる地獄となり、あるいは生命の可能性を知る仏さまの贈り物になります。

そう思えるために、ガイドブックが必要であります。『十住心論』は、そうした迷える羊のために書かれたといえましょう。

お大師さまは、それまで学んだ儒教や道教まで密教の教えを学ぶ糧にしました。密教は、仏教の一つの流れです。

お釈迦さまが開いた原始仏教に、古代から続くインド文明の知識や術を取り込んだものです。宇宙と人間との関係、生命の謎を説くダイナミックな教えです。

密教は受け容れること、「肯定」することを基本にしていまして、アジア文明の集大成とも言われる「統合の宗教」なのです。

真言密教の行は、火を焚いて、真言を唱えて祈る護摩行と瞑想をすることが基本になります。全身全霊を込めて、行をしていますと、仏さまからたいへん大きな力を授かります。

仏さまと申しますと、非科学的だと思われたり、ほかの宗教の方には抵抗があるかもしれません。しかし、気力と申しますか、自分の内から大きなエネルギーがわいてくるのを実感いたします。

仏教のなかで、密教は、その行を特に大切にしてきた教えです。なぜ密教と呼ぶのか、二つの大きな理由があります。

一つは宇宙のほんとうの姿を知る教え、つまり宇宙の秘密を知る教えだから、というもの。もう一つは、その教えによって非常に大きなパワーを得るので、誰にでも教えてはいけない、人格識見の高潔な者に伝えるために秘密にしながら伝えていく教えだというものです。

行というものは、人間の極限に挑戦しているものです。飲まず食わずで炎に向かって行をやり抜くことは、心の力がなければ、とうてい不可能なことです。

加持によって、奇跡と言われるような回復をした方は多々おられます。何を以て奇跡というのか。

お大師さまの教えは、誰もが無限の力を持っているというものです。その力を引き出すことができたとき、奇跡といわれます。回復せずに亡くなる方もいます。末期がんの方が、私の寺で厳しい行を続けることも幾たびもあります。末期がんの痛みや不安が消えたという方は多いのです。

判断の基準が、個々のケースで違うことの多い東洋医学では、どうしても明快な基準をつくることが難しいところがあるようです。

加持にいたっては、いまのところデータをとることが難しいので、その「効能」を具体的にうたうわけにはまだいきません。

しかし、やはり行を通じての人間の不思議な力については、予防医学学会というのをつくって、お医者さんに研究をはじめてもらっています。それも、私の務めだと思っています。

たとえば、私は血糖値が二百七十くらいあります。即入院を命じられるような、とんでもない数値ですが、毎日二時間の行を終えると、百七十くらいにポンと下がるので、お医者さんたちもびっくりしています。

その、私の行に関心を持って下さったのが、癌研有明病院の星野先生です。星野先生は、西洋医学に加えて漢方の有用性と限界を学んだ方です。加持の力にも、正面から向き合って患者さんを私の元に送ってきます。

いずれも末期がんの方ですが、私の加持を受けまして、病院の検査を受けた結果、進行しているはずの肺ガンが小さくなっていること、脳の腫瘍がなくなっていること、激しい痛みが取れて日常生活が送れるようになった方の報告を受けた星野先生は、「仏教と医学の共同作業だね。これからのがん治療への大きな道になるよ」とおっしゃって下さったといいます。

ようやく、お大師さまの教えが現代医療の分野に理解される機運が訪れたかと、嬉しいことであります。

『十住心論』の、「自己改造」の教えはまことに厳しいものであります。しかし、厳しい言葉だけにとらわれてしまっては、お大師さまの本当の教えをくみ取ることはできません。教えの言葉の厳しさを感じれば感じるほどに、そこに込められた慈悲の温かさが伝わってくる、そんな受け止め方をしていただけたなら、この十二章のお話を皆さんの身体に伝えることができたことになりましょう。

★自分の幸せから社会、国家、世界と、大きく祈れば大きく願いはかなう

『十住心論』を締めくくるに当たりまして、私は、密教が現代によみがえり、注目されていることを、皆さんとご一緒にもう一度、考えてみたいと思います。

一つには、繰り返しになりますが、西欧の選別思想ではなく、すべてを包み込む密教の広さと深さにあります。

また、お大師さまの合理的な思想が、現代人に理解しやすいものであり、いま大きく変

わろうとしている宇宙の仕組みの解明にも通じる発想がある、という点です。

そして、何より、と私には思えるのですが、いま人間も地球もいっそうの優しさと温かさを求めているのではないでしょうか。狂いかけている生命力のバランスのために、いろいろなひずみが生じています。

一人ひとりのためだけの『十住心論』ではなく、社会も国家も世界も十住心論を道しるべとしながら、よりよいものにしていきたいと祈っているのです。どうぞ、皆様もいっしょに祈って下さい。明日の自分の幸せを胸に抱いたら、その輪を広げて、社会の幸せを、国家の、世界の幸せを祈って下さい。大きく祈れば、大きく願いは叶います。それが、お大師さまの『十住心論』の教えであります。

人は、オギャーと息を吐き出して産まれます。そして、死ぬときはスッと「息を引き取る」のです。吐いて、吸う。それが呼吸の基本です。宇宙のリズムに合った呼吸ができるようになりますように。

お経は声高らかに読みましょう。声を出すことは、呼吸をしていることです。読経のリズムが、生きている呼吸のリズムと合って、宇宙に響くとき、私たちの生命は宇宙に満ちているエネルギーを取り入れることができるのです。

「音に響きあり」大気と我が呼吸との「合奏」によって大きな生命エネルギーを吸収できると、お大師さまは教えたのです。

最後に、最福寺で行をはじめる「誓いの言葉」を、合掌して、大きな声で、私とご一緒に唱えて下さい。

「誓い」

私は我と我が生命を信じます
身を洗い　口を磨き　意を高め
しなやかに強くたくましい精神を培います
苦難にあってはこれを智慧の試練と受け止め
安堵の境地を慈悲として人と分かち合います
心の饒舌を戒め、我が内なる生命の声に耳を澄ませます
日々　精神を鍛えて精進し
光を我が熱き力として前進します
我が生命のために、全ての生命のために

生かされている力の限りを以て
尽くすことを誓います

生きとし生けるものはみな、変転していくのが、生命の真理です。この人生は、たった一度だけの貴重な時であることを、私は現代日本の老いも若きも全ての人たちに心から理解してほしいのです。

生きることは、個を生きながら全体を生かすこと。多様性が生命を育てます。

山川草木悉有仏性。私はお大師さまの教えを読み解いて、これからも御仏への生命の道を精進を重ねながら、歩いています。


皆様の幸せを祈っています。

弘法大師空海

心を磨く 心を満たす

著 者 池口　恵観
発行者 真船美保子
発行所 ＫＫロングセラーズ
〒169-0075 東京都新宿区高田馬場4-4-18
電 話 03-5937-6803(代)
http://www.kklong.co.jp

印刷・製本 中央精版印刷(株)

ISBN978-4-8454-5175-3

Printed in Japan 2023